设备管家体系实战宝典

图表例解
设备管家体系
基础

张孝桐 金长保 李春民 邓锐 范新宇 编著

机械工业出版社
CHINA MACHINE PRESS

本书是指导企业建立设备管家体系 H、M、R、O 四个阶段中的"H"阶段，即建立设备管家体系的准备阶段的参考书，全面讲解企业建立设备管家体系的基础、专业知识和必备的方法，是围绕企业设备管理工作者的需要、厘清的工作思路、明确的目标、创新的管理方法等关键内容来编写的。本书内容包括确立企业设备管家体系，设备管家体系的八项原则及其基础架构，新型企业设备管理组织结构，设备编码与状态控制点的汇编，设备分级与设备树系统，建立企业作业设备基础数据库及设备管理信息化。

本书采用大量图、表、案例，增强了图书的可读性，便于读者迅速掌握相关知识和方法，并将其应用于实践。

本书适合制造业企业设备管理人员、设备维护与维修人员、设备操作人员、生产管理人员阅读使用，也适合企业里对设备管理体系进行规划的高管阅读。

图书在版编目（CIP）数据

图表例解设备管家体系基础/张孝桐等编著. —北京：机械工业出版社，2018.9

（设备管家体系实战宝典）

ISBN 978-7-111-60615-4

Ⅰ.①图… Ⅱ.①张… Ⅲ.①企业管理-设备管理-图解 Ⅳ.①F273.4-64

中国版本图书馆 CIP 数据核字（2018）第 176299 号

机械工业出版社（北京市百万庄大街 22 号　邮政编码 100037）

策划编辑：李万宇　　责任编辑：李万宇　章承林

责任校对：潘　蕊　　封面设计：马精明

责任印制：张　博

北京华创印务有限公司印刷

2018 年 9 月第 1 版第 1 次印刷

169mm×239mm・10 印张・186 千字

0001—3 000 册

标准书号：ISBN 978-7-111-60615-4

定价：39.00元

凡购本书，如有缺页、倒页、脱页，由本社发行部调换

电话服务　　　　　　　　　　　　网络服务

服务咨询热线：010-88361066　　机 工 官 网：www.cmpbook.com

读者购书热线：010-68326294　　机 工 官 博：weibo.com/cmp1952

　　　　　　　010-88379203　　金　书　网：www.golden-book.com

封面无防伪标均为盗版　　　　　教育服务网：www.cmpedu.com

丛书序言

在"引进来和走出去"战略思想的指导下，我国通过引进、消化和吸收各类技术和管理经验，在经济、文化等各项事业中取得了举世瞩目的成绩。同时，随着人们生活水平的提高，对物质的追求也在进一步提高，不再满足对现有的中低端产品或服务的需求，而对科技含量高的高端产品或服务的需求逐渐旺盛。中低端产品的过剩与高端产品的供给不足，是当今社会主要的矛盾。一部分企业由于技术和管理不足，核心竞争力不强，制约了其可持续发展，企业发展遇到了瓶颈。

实践证明，企业只有通过技术和管理的不断创新来适应市场的需要，才能满足生存的需要。其中，作为企业产品制作"母机"的设备，是决定企业技术和管理进步的关键所在，对设备进行科学管理是企业提高技术和管理的核心内容，同时也是最便捷、最快速、最低投入和最有效的捷径。企业通常选择提高设备管理和技术水平，来有力推进产品的产量、品质、成本、效率、交货期、服务水平以及技术进步，提升企业的核心竞争力。

我国有些企业目前的设备管理水平与国际先进水平相比差距很大，在设备管理理论方面，仍沿袭传统的、习惯的计划维修思维；设备管理方法模仿国外或生搬硬套国外的模式，不能改变我国企业设备管理的现状，也已经不适应我国企业发展的迫切需求。因此，研究探讨建立一套满足我国企业普遍需要的设备管理方式或方法，是设备管理工作者的职责所在和当务之急。创建我国企业的设备管理思想、方法和管理体系，是设备管理工作者所要实现的伟大中国梦的内容。

当前，为了满足企业产品作业的需要，设备不断向具有"高、精、尖、大、专"等特点的方向发展，促进了企业生产率的快速提升，与此同时，伴随着自动化、集成化、智能化等作业控制方式的发展，企业产品作业对设备的依赖程度空前高涨，促进了以设备为保障的产品作业时代的到来，推动了设备管理方式的进步和管理能力的提高。设备管理在企业日常经营管理中地位的发展，推动了企业产品作业管理方式的转变，即改变了以劳动力为主的制造管理，过渡到以设备为保障的产品作业管理体制。设备管理在企业管理中的作用和地位被逐渐认可。现代企业对设备管理的要求：①按照现代企业制度的要求，建立符合企业实际需要的"三位一体"的基层设备管理机构，具有日常维护、预知状态、超前管理的保障功能和组织专业维修队伍以完成设备维修工作，为企业发展提供强有力的基础保障；②企业负责人重视设备管理工作，将设备管理重心下移并重视设备的安全和节能减排工作，切实提高设备的综合效率；③主要产品作业线设备能为企业的产品服务，设备停产时间可控及管理经济技术指标先进，设备状态长期保持良好，能动态地掌握设备状态，并有可靠的设备维修措施，确保企业产品制造作业安全运行。

根据企业产品在市场上竞争的需要，要求企业设备管理的决策者留出更多的时间和精力放在关乎企业发展的前途和命运方面；同时，又将企业的设备管理重心下移至基层的"三位一体"的设备管家，让基层的设备管家承担对企业设备的日常点检、维护和维修管理等工作。设备管理的重大决策权仍然在企业的决策层手中，管放分离，对提高基层员工的工作责任心和自主管理能力，提高工作效率具有重大的现实意义。

当今在我国企业组建的基层设备管理机构，即"三位一体"设备管家，在新时代的引领下，企业设备管家组织的必要性和历史赋予设备管理新的特点正在形成和应用。本丛书着力于推广"设备管家体系"，填补设备管家体系管理理论和企业实际应用间过渡衔接的空白，发挥将理论与实践进行融会贯通的桥梁和纽带作用，由企业一线设备管理工作者编写，是对我国企业设备管理工作者进行全面设备管理指导的丛书。本丛书共四个分册，分别为《图表例解设备管家体系基础》《图表例解设备点检、维护知状态》《图表例解设备维修、检修增寿命》《图表例解设备大修、改造能再用》。

设备管理分为H、M、R、O四个阶段。"H"阶段是设备管理的准备（设备管家简介与组织）阶段，"M"阶段是设备维护阶段，"R"阶段是设备日常不停产维修阶段，"O"阶段是设备大修（停产检修）管理阶段。其内容由浅入深，循序渐进，逐层深入。

企业通过建立对基层的设备操作人员、专职点检人员和工程技术人员职责和分工的融合，构筑一个基层设备管理的团队，围绕共同的目标或利益，明确各自的分工与职责，建立相互督促和协助的关系，共同协作来预知设备的状态和实施对设备的超前管理。本丛书中大量采用图、表、案例的形式，对设备管理的各个阶段、过程进行列举说明，具有内容通俗易懂、可读性和可操作性强等特点。

本丛书在编写过程中得到了中国设备管理网及其设备管理专家团队成员的大力支持和帮助。在此，对通过全国海选参加设备管家第一期、第二期培训的学员——桂来先、洪大春、闫俊良、李远乾、宋卫群、朱建春、姜瑞琨、李红光、李积云、樊爱强、焦金峰、姚新星、杨普先、刘宏、赵明辉、罗屹、徐超男、税黎明、徐长阳、李志鹏、王爱其、漆晓明、范新宇、郝庆华、阮振兴、薄荣福、施德昌、朱松伟、吕维森、张月峰、张彦军、王利民、

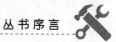

丛书序言

左明军坚持不懈地学习和大力推广设备管家制表示感谢。相信在张孝桐老师的引领下，学员们的路会越走越远。

本丛书主要由长期从事设备管理工作的相关一线工程技术人员参与编写，引用的大量图、表以及案例均来自实际工作经验的总结，企业通过组织基层设备管家体系，设备管控能力得到显著提升。编者所在单位通过试行管家体系后，设备故障明显减少，试行效果显著。

本丛书配合《设备点检管理手册》，主要讲解在企业的现场设备管理实际工作中如何去做，以及如何将设备管理理论与实践相结合。书中表、图和相关案例的列举和分析，对企业设备管理实践具有参照意义。本丛书是指导企业内部从事设备管理相关的人员在实际工作中如何提升设备管理方式的工具书。

本丛书是根据中国设备管理协会、管理委员会委员张孝桐老师的培训授课内容整理而来的，作者团队以及设备管理行业内已经多年持续推广张孝桐的符合中国国情的"设备管家体系"，其"设备管家制"已经申请知识产权保护并获得通过。"重塑匠心"2016中国工业互联网高峰论坛将张孝桐先生称为"著名行业经济战略专家及工业领域传奇匠人"。张孝桐先生在该论坛上做了"怎样当好企业的设备管家？"的主题演讲。中国设备网、中华设备管理联盟、中国设备管理协会、中国点检职业委员会都把张孝桐老师作为主要设备管理专家大力推介。

本丛书在编写过程中得到了张孝桐老师的精心指导，其甘为孺子牛的高贵品德值得我们学习和继承。

由于编者水平有限，不足之处恳请读者给予及时批评和指正。

前　言

当前，中低端产品严重过剩而滞销，相反人们对高端产品的需求却日渐旺盛，高端产品在市场上出现了供不应求的现象。为了生存和发展，企业将步入对产品提档和对管理升级的转型升级时期，主要是通过技术和管理手段来实现企业产品的更新换代，从而迎合或引领市场的需求和面对国内外市场的竞争。目前，企业对管理和技术空前重视，对作为产品转型升级关键的工作母机——设备进行科学管理，是企业今后管理的重心之一。新工艺、新技术和新装备的发展，必然要求新的设备管理方式和方法与之相适应。企业内部以往人员分工过细，虽各司其职，但协作能力低下。低效的设备管理方式和落后的设备管理思想，已成为制约企业产品提档升级的瓶颈。

因此，处于提档升级阶段的企业迫切需要建立一种新型的设备管理体制，即将企业的设备操作人员、设备点检人员以及工程技术人员融为一体的新型的设备管理方式，来提升企业的设备管控能力。

本书是"设备管家体系实战宝典"丛书的第一分册，对应于设备管家构成体系H、M、R、O四个阶段中的"H"阶段，即建立设备管家体系的准备阶段，致力于帮助企业通过建立基层的设备操作人员、专职点检人员和工程技术人员职责和分工的融合来构筑一个基层设备管理的团队，围绕共同的目标或利益，明确各自的分工与职责，建立相互督促和协助的关系，通过共同协作来预知设备的状态和实施对设备的超前管理。

读者通过对本书的学习，能够明晰构成设备管家体系的人员构成和职责分工，基本了解设备基础构成等内容；同时也要了解设备管理组织结构、设备分类与构成，以及设备关键部件的定位知识等基础内容。

本书的主要内容是描述产品的制作工艺，设备的分类、作用和构成，设备的参数，设备的基础台账，以及设备的故障分析与解决方法。一套体系的设备管理基础指导可帮助企业建立设备管家体系。在以设备保障产品作业的条件下，准备建立设备管家制的专业基础知识和方法是设备管家体系准备阶段的工作任务，同时也是企业基层设备管家组织阶段的重要环节。本书用七个章节进行编写，其内容分别是确立企业设备管家体系、设备管家体系的八项原则、设备管家体系的基础架构、新型企业设备管理组织结构、设备编码与状态控制点的汇编、设备分级与设备树系统、建立企业作业设备基础数据库及设备管理信息化。初学者在刚刚涉足企业设备管理时往往会感到茫然，不知道从何处下手，因此

前言

本书着重描述设备管理的基础工作及企业"三位一体"设备管家系统的管理基础知识,以便让初学者能尽快地融入企业的设备管理工作,避免在工作中走弯路。企业设备管理工作者要明确自己在企业整体工作中的定位,厘清工作思路,并明确以下几点:

1) 明确本企业的性质。本企业是"货物类"的企业还是"服务类"的企业。

2) 明确什么是本企业的"产品"。明确本月有订单或有合同、协议的"标的物"(没有订单的不是产品,只能认为是企业具有能制作该产品的能力)。

3) 明确企业"产品"是如何制作的。明确产品的"工艺流程"或"产品制作线"。

4) 明确在"工艺流程"或"产品作业线"上,企业必须配置哪些作业设备。

5) 为了便于管理,必须将企业很长的"产线"划分成若干条适合于管理的"分产线",即明确企业按"产品"划成"分产线"设备所管辖、管理的范围。

6) 明确每条"分产线"上的设备清单,以及两条"分产线"之间的分界面。

7) 企业要将每条"分产线"上的第一线管理人员,即产品的"操作方、设备方和技术方"组织起来,这三方面人员形成了一个虚拟的"三位一体"基层设备管理机构。

8) 由企业"三位一体"基层设备管理机构中的"点检"(包括设备操作方的日常点检、设备方的专职点检和技术方的精密点检),按产品的要求周期性地对设备上的"状态控制点"进行预防性检查,实施"预知状态"。

9) 当"产品作业线设备"发生隐患、故障或性能下降时,必须在其萌芽状态时就采取相应措施或提出恢复状态的申请,委托相关人员实施维修达到"超前管理"的状态。

10) 通过企业"三位一体"基层设备管理机构各自的"点检"活动,紧紧地把握住该设备"最小维修单元"机件的运行状态、劣化倾向,定量管控机件的工作寿命。

学习本书时要清楚"三位一体"设备管家系统的核心和精髓主要在于明确委托方和检修方之间的关系。了解"三位一体"是企业基层虚拟的设备管理机构,要了解其组成、含义和作用,即"三位一体"的企业设备管家是企业负责对产品作业线设备维护保养及查找隐患的责任人和专家,是委托方;检修方是受理方,是在企业设备管家委托下努力修复设备的专家,可以是企业内的,也可以是外部的,包括制造厂的售后服务。

本书的目的是通过将设备管理的重心下移至基层的设备管理机构来组织对设备日常的管理，逐步建立和完善适应本企业"三位一体"基层设备管家的自主管理；通过"三位一体"基层设备管家对设备的日常管理，做到"预知状态、超前管理"，以满足对企业产品作业的服务要求。

本书在编写过程中引用了多个列表和插图，同时分析了多个相关案例，这些都对企业设备管理实践具有参照和指导意义。

本书适合于与设备管理相关的工程技术和管理人员阅读。

编 者

目 录

丛书序言
前 言

第一章　确立企业设备管家体系

第一节　企业的分类方法 …………………………………………… 1
　一、对企业类型的判断 …………………………………………… 2
　二、企业分类 ……………………………………………………… 2
　三、不同类型企业的设备管理 …………………………………… 4
第二节　设备分类与设备管理方法 ………………………………… 5
　一、设备分类 ……………………………………………………… 5
　二、不同类型设备的管理 ………………………………………… 7
　三、设备管理如何明确定位 ……………………………………… 9
　四、设备管理的职责和要求 ……………………………………… 15
　五、设备管理的典型模式 ………………………………………… 18
　六、适合我国国情的设备管理模式创新——设备管家制 ……… 19
第三节　设备管家体系符合供给侧改革的需要 …………………… 20
　一、设备管家体系的架构与工作流程 …………………………… 20
　二、设备管理进行供给侧改革的创新内容 ……………………… 24
　三、设备管家体系应用案例分析 ………………………………… 26

第二章　设备管家体系的八项原则

第一节　设备管家管理设备的四项基本原则 ……………………… 27
第二节　设备管家管理设备的四项工作原则 ……………………… 29

第三章　设备管家体系的基础架构

第一节　设备管家的组成、分工和管理 …………………………… 32

一、企业领导对设备管理的领导责任 …………………………………… 32
二、"三位一体"基层设备管家的组成与功能 …………………………… 33
三、设备管家的工作流程与步骤 …………………………………… 35
四、以"点检为核心"的设备管理（装备保障）分工 ………………… 37
五、设备管家的管理目标及绩效指标 …………………………………… 37

第二节 "零"故障的设备管家体系 ………………………………………… 38
一、设定设备精益"零"故障管理目标 ………………………………… 38
二、设备有（失）效标准应用 …………………………………………… 39
三、设备劣化管理规律 …………………………………………………… 39
四、电气设备劣化的主要表现形式和预防 ……………………………… 47
五、预防设备劣化及其对策 ……………………………………………… 47

第三节 设备管家的相关管理工作 ………………………………………… 50
一、设备的倾向管理 ……………………………………………………… 50
二、设备环境管理标准的应用 …………………………………………… 52
三、资产运行效率的最大化 ……………………………………………… 52

第四节 "点检"的后续工作——维修工程 ……………………………… 53
一、设备状态受控点信息的收集与处理程序 …………………………… 53
二、设备的维修 …………………………………………………………… 54
三、设备维修管理的发展方向 …………………………………………… 54
四、案例分析 ……………………………………………………………… 57

第四章 新型企业设备管理组织结构

第一节 设备管理部门概述 ………………………………………………… 62
一、设备管理部门及其职责 ……………………………………………… 62
二、设备管理部门组织结构的变化 ……………………………………… 63
三、企业设备维修部门的基本知识 ……………………………………… 64

第二节 企业设备管家与设备管理部门的职能关系 ……………………… 67
一、集中型关系 …………………………………………………………… 67
二、分散型关系 …………………………………………………………… 68
三、折中型关系 …………………………………………………………… 69

第三节 设备管理组织机构未来发展趋势判断 …………………………… 70
一、设备管理组织的发展 ………………………………………………… 70

二、现场管理中的委托方 ……………………………………… 72
三、以企业产品为中心的管理 …………………………………… 73
四、现场管理中的受理方 ………………………………………… 74

第五章 设备编码与状态控制点的汇编

第一节 设备编码 …………………………………………………… 75
一、设备编码的内容 ……………………………………………… 75
二、建立设备编码的原则 ………………………………………… 76
三、BOM 的应用与转换 ………………………………………… 77
四、设备编码和设备故障编码 …………………………………… 78
五、设备编码方案 ………………………………………………… 80
六、设备备件编码方案 …………………………………………… 81
七、设备故障代码编码方案 ……………………………………… 81

第二节 设备状态控制点的汇编 …………………………………… 84
一、建立设备状态控制点的基本要求 …………………………… 84
二、设备管家管理的范围和分类 ………………………………… 85

第六章 设备分级与设备树系统

第一节 设备分级 …………………………………………………… 92
第二节 设备树系统 ………………………………………………… 97
一、设备树系统的分布 …………………………………………… 97
二、设备树系统的建立 …………………………………………… 99
三、企业设备树层级结构的组成 ………………………………… 103

第七章 建立企业作业设备基础数据库及设备管理信息化

第一节 建立作业设备的基本数据 ………………………………… 109
一、设备管家对基本数据建立的要求 …………………………… 109
二、作业设备的基本数据 ………………………………………… 111
第二节 设备基础数据的构成 ……………………………………… 112
第三节 作业设备基础数据库的建立 ……………………………… 122

一、建立作业设备基础数据库的原则 …………………………………… 122
二、建立作业设备基础数据库的方法 …………………………………… 123
三、建立作业设备基础数据库的步骤 …………………………………… 125
四、案例分析 …………………………………………………………… 126
第四节　设备管理信息化 …………………………………………………… 137
一、"MRO"的基础及实施 …………………………………………… 137
二、信息化是设备管理的必由之路 …………………………………… 142
三、企业信息化管理基础知识 ………………………………………… 144
四、信息共享与设备信息的收集 ……………………………………… 145

第一章
确立企业设备管家体系

本章主要学习对企业相关的基本认识，提要见表1-1。

表1-1 第一章提要

要想掌握设备管家体系并将其成功应用到企业实践中，首先要了解企业的基本知识，学会对企业进行分类，掌握设备分类与设备管理方法，了解设备管家体系是如何满足供给侧改革需求的。本章内容为企业的设备管理工作者（设备管家）提供了必要的相关知识，这是设备管理工作的基础，也是设备管家工作的起点

第一节　企业的分类方法

设备管理者只有对企业的产品、设备、工艺等有足够的了解，才能做好企业管理工作。对于初学者来说，需要了解企业设备管家的一些基本常识。案例1-1以某企业设备管家基本的工作任务的内容为例，说明了企业设备管家需要了解的知识和工作任务。

案例1-1：某企业设备管家的任务见表1-2。

表1-2　某企业设备管家的任务

企业简介	需要了解的知识	设备管家基本的工作任务
某企业成立于2002年，建有多条回转窑新型干法水泥熟料生产线，配套有水泥粉磨系统和纯低温水泥余热发电系统，熟料年产能规模达1200万t，水泥年产能规模达720万t。采用当今国际先进的预分解窑新型干法制造技术、集散式自动化控制系统及先进的质量检测设备，制造现场环保收尘设备配置齐全，制造用水实行内部循环使用系统	设备管家要了解企业的基本情况，了解企业的性质以及产品的用途；要深入作业流程现场，弄清企业产品作业线的工艺流程，通过工艺流程分布图，着重了解流程分布内的每台设备的名称、工艺编码、具体位置、构成、用途和性能参数等；进行逐个分门别类登记并记录备案	对企业产品作业线设备进行规范、系统的管理，使设备满足产品作业的要求，同时粉尘排放浓度要低，要实现污水"零排放"，各项制造技术指标均要达到国际领先水平，源源不断地为企业创造更多的效益，为市场提供满意的产品或服务

设备管家要正确判断企业的类型，对企业分类的发展要有基本的认识。企业在会计学上的定义是指具有法人的营利性经济组织，独立核算、自主经营、自负盈亏、照章纳税。因此，企业的一切制造经营活动，最终都是以实现盈利为主要的目标，以作业产品或服务为手段，以各种管理活动为产品作业或服务而进行的服务活动。不论是实体企业经济还是网络（虚拟）企业经济都是如此。

一、对企业类型的判断

我国企业的类型在加入 WTO 初期，仍然沿袭传统的分类，即制造类企业、贸易类企业和服务类企业。对于我国企业基本类型分类的判断标准，见表1-3。

表1-3　WTO 初期我国的企业类型

类别	判断标准	分类	备注
1	性质	私营、国有、外商等	国有银行、民营银行等
2	规模	特大、大型、中、小型等	大型油气企业、小微企业等
3	投资	地方或中央等	央企、地方企业
4	是否以盈利为主	公益性、营利性等	医院等

在加入 WTO 后，为了便于在国际贸易结算中统计上的统一性，按国际标准将制造类企业与贸易类企业合并为货物类企业，企业类型有了转变，形成当今的两大类企业，即货物类企业和服务类企业，具体内容见表1-4。

表1-4　我国当今的企业类型

企业类别	判断标准	备注
货物类企业	从事与货物有关的企业称为货物类企业，或从事与货物交易有关的企业统称货物类企业	如汽车制造企业、钢铁制造企业、建材制造企业等
服务类企业	从事与服务有关交易的企业统称为服务类企业	如电子商务企业、物流企业、港口企业、维修服务企业等

二、企业分类

1. 企业经营目标与分解

企业是一个经济组织，通常根据年初制订的制造经营计划目标（见表1-5）在管理上逐月分解，制订月度的制造经营计划目标，再按月度的制造经营计划目标分解为日目标。管理上采用以实现日目标任务来实现月度的目标任务（见表1-6），以实现月度的目标任务来实现年度的目标任务。

产品作业的目标任务确定以后，通常设备管理部门要根据产品作业的计划来衡量设备管理的计划目标，再将设备管理的年度计划目标任务逐一分解成月或日计划工作目标，并合理计划日常的设备管理目标、任务和设备的维修计划。

第一章　确立企业设备管家体系

表1-5　企业的目标计划与分解

总目标	一级分项目标	二级分项目标
指企业总的经营活动的任务和目的，是企业的年度总的指标计划和目标	利润目标	A产品利润目标
		B产品利润目标
		C产品利润目标
	产值指标	A产品
		B产品
		C产品
	成本指标	A产品
		B产品
		C产品
	产量指标	A产品
		B产品
		C产品
	其他	其他产品

表1-6　企业的目标按时间计划与分解

年度目标	月目标	旬/周目标	日目标
年度总的经营计划目标	按月平均分解	按每周/旬平均分解	按日平均
	按市场分解，根据淡季和旺季分门别类	按市场分解	按市场状况

因此，企业设备管理的主要任务是通过组织设备管家队伍对设备进行日常的组织和规范化管理来有效地减少设备管理过程中的各项费用支出，从而降低产品的成本费用，提高企业利润值。

2. 产品作业线流程与发展

对于产品作业线流程的认识，是设备管理初学者应知应会的基本常识。产品作业线流程与发展趋势见表1-7。

表1-7　产品作业线流程与发展趋势

定　义	发展趋势	对设备管家的要求
企业产品作业线流程是指从原材料到成品或半成品的过程中按先后顺序所经历的各种加工工艺制作和物流输送过程的总和，它形成一个完整的制作流水线作业制造体系，具有上下或前后工序之间的延续性和承接性，管理上通常以最后一道制造工序的制造能力来核定前一道或几道工序的作业计划、人员计划、原材料计划、设备配置以及维修作业计划等，如水泥制造企业、钢铁制造企业等	由于现代互联网、计算机、机器人等行业科技的迅速发展，利用现代科技控制自动流水线作业系统即将成为现实，集成化、智能化的流水作业将成为未来发展的必然趋势（见案例1-2和案例1-3）	"三位一体"的基层设备管家通过一段时间的学习，应该独立绘制本岗位和本企业的产品作业工艺流程图，这样便于更加了解产品作业的各个工序作用以及设备的分布

案例1-2：某水泥制造企业的水泥熟料工艺流程如图1-1所示。通过对该工艺流程的学习，能够让初入企业的员工了解产品作业过程和物流输送，即合格的产品是怎么作业出来的，需要经历哪些作业工序（步骤）以及前后工序之间是如何衔接和进行质量管控的。

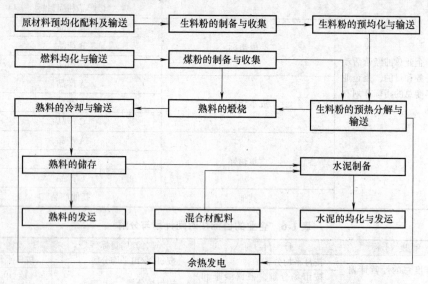

图1-1 某水泥制造企业的水泥熟料工艺流程

案例1-3：某钢铁制造企业卷钢管工艺流程如图1-2所示。钢管作业流程依次经过原料、成形、精整、包装四个阶段制作。

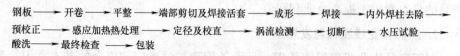

图1-2 某钢铁制造企业卷钢管工艺流程

三、不同类型企业的设备管理

不同类型企业的设备管理有不同的特点。企业设备管理方式的分类与特点见表1-8。

表1-8 企业设备管理方式的分类与特点

企业类型	设备管理方式	特 点
小微企业	没有设置专门的设备管理机构和专职的人员，通常由其他岗位人员代管	设备少，且简单，设备的价值低，设备的功能恢复简单，一般很少主动去维护管理，不坏不修，坏了再修

(续)

企业类型	设备管理方式	特 点
小型规模的企业	很少设置专门的机构来负责设备的管理活动，但设置专门的人员来管理设备，通常由有维修技能的人员来负责日常设备的维修工作	设备数量不多，安排维修人员对设备进行维修管理，通常由操作人员通知维修人员来进行设备的维修管理
中型规模的企业	设置专门的机构来负责设备的管理活动，通常设置专门的人员来管理设备，通常由有维修技能的人员来负责日常设备的维修工作	通常是以设备来主导产品作业线的稳定，设备的自动化、复杂化程度提高，设备的复杂性和维修难度增加，设备管理活动的代价增加，需要配置的人员相应增加等
规模以上的大型企业	设置专门的设备管理机构和专业的工程技术人员，对设备的管理活动进行日常的计划、组织、协调、指挥、督促，在管理上形成PDCA（计划、执行、检查、处置）循环管理等	设备成体系且完备，能够形成一套系统的设备管理体系

第二节 设备分类与设备管理方法

一、设备分类

1. 设备的分类与作用

企业是一个经济组织，是一个实体，因此构成企业的要素主要有人、财（资金）、物（厂房、设备等固定资产）等。企业主要向社会提供产品或服务，从而获取经济利益。通常表现是，企业在单位时间内作业的产品数量越多或服务项目越多，它的制造效率就越高，它所创造的价值就越多。设备是制作产品的"母机"，是改变原材料物质形态、化学成分和用途的改变者，也是制造效率得以提高的保证。

现代化工厂的产品作业线上有各种型号规格的设备，各种设备起着不同作用。因此，作为企业的设备管家，要对设备的基本分类进行了解，通常根据设备的范围、用途、作用、性能、环境、要求、形态、性质等进行分类。设备的分类与作用见表1-9。

表1-9 设备的分类与作用

序号	分 类	内 容
1	范围	通用设备和专用设备
2	用途	动力设备、传动设备、输送设备、环保设备、高温设备、却冷设备、耐磨设备、起重设备、运输设备、专用设备、粉磨设备、破碎设备、成型设备、计量设备等

(续)

序号	分类	内容
3	作用	传动设备，如减速器；输送设备，如拉链机、斜槽输送机、板喂机、取料机、带式输送机等；煅烧设备，如回转窑；气体输送设备，如罗茨风机；冷却设备，如风冷机；粉磨设备，如破碎机、球磨机；燃烧设备，如喷煤管；起重设备，如卷扬机、电动葫芦、行车；计量设备，如皮带秤；检测设备，如压力变送器；润滑设备，如油站
4	性能	关键设备、主机设备等
5	环境	耐高温设备、耐磨设备、耐蚀设备、耐压设备等
6	传动方式	手动设备、机械传动设备、摩擦传动设备、液压传动设备、气压传动设备和电动设备等
7	精度	普通设备和精密设备
8	要求	机械设备和电气设备
9	形态	大、中、小型设备
10	性质	生产用设备、非生产用设备、租赁设备、未使用设备、不使用设备或闲置设备等

2. 设备管理的现状与设备的作用

设备通常以实物的形式存在，目前设备管理的现状有许多误区，见表1-10。

表1-10 设备管理的现状

设备管理的现状	原因	改变条件
企业的投入主要是资金以及固定资产的投入；在货物类企业中通常对固定资产的投入相对占比较大，固定资产中设备的投入通常占固定资产投入的30%～75%。因此，很多企业非常重视对设备的管理，然而大部分企业只侧重对设备资产账面上的静态管理，忽略了对设备的动态管理，或认为设备管理是在浪费钱；还有的企业直接认为设备管理是制造管理的一部分，在实际的设备管理中，出现"管而不专，专而不力"的现象；甚至有的企业认为安排几名维修人员就是设备管理了。以上这些设备管理现状是当今社会普遍存在的现象	出现这些现象主要是忽视设备所创造的价值的体现。设备管理是一种系统化的管理工程，它与企业的其他管理是一样的，是需要投入的，这种投入是被企业记录的；然而设备的产出价值最终体现在产品的价值内，也就是在产品作业价值范畴内，在利润的核算上没有单列项目，而是直接归集于制造管理的直接费用，这样把设备创造的价值隐形忽略掉，没有把设备对产品创造的价值贡献体现出来。最终导出作业产品的价值是制造管理创造的这样一种谬论，这也是造成企业对设备管理误解的主要原因	改变这种误解的首要条件是，要结合企业总的经营目标来看待设备在企业中的作用，如图1-3所示

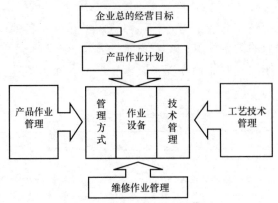

图1-3 设备在企业中的作用

3. 企业的作业系统组织管理与设备的发展

企业的作业系统组织管理与设备的发展见表1-11。

表1-11 企业的作业系统组织管理与设备的发展

管理组织的方式	设备的发展
从纵向管理组织	产品作业过程或组织过程对设备的依赖程度逐渐提高。由图1-3可以看出：作业设备处于纵向和横向管理组织的"十字"交叉中心点位置，作业设备在企业产品作业组织中的核心地位被逐渐呈现。由图1-3中纵向管理组织中可以看出：在企业总的经营目标确定后，开始进行产品作业计划的组织和实施，需要对产品作业设备进行技术管理以及维修作业管理
从横向管理组织	企业产品作业管理主要是从产品作业组织管理、作业设备的管理以及工艺技术的管理三个方面横向联系，其中作业设备管理处于中心位置
总结	无论是企业的纵向管理经营目标管理，还是横向的产品作业管理和工艺技术管理都离不开对作业设备的管理方式和技术管理；作业设备的管理处于企业纵横向管理的十字核心，是当前作业设备的管理在企业管理中最显著的变化

二、不同类型设备的管理

设备管理模式的发展与企业的发展是紧密联系的，随着企业追求的价值最大化而产生了不同的设备管理方式。设备管理相继出现了事后维修阶段、预防维修阶段、制造维修阶段以及预知维修阶段。不同类型设备的管理见表1-12。

表1-12 不同类型设备的管理

序号	类别	内容
1	事后维修	产生于20世纪50年代实行计划经济时代，企业追求的价值最大化是产值；企业对设备日常管理不重视，不坏不修，直到设备开不起来企业被迫停产，才考虑对设备进行维修和恢复设备的性能和功能，设备管理基于发生故障后维护
2	预防维修	产生于20世纪60年代企业由计划经济向市场经济转轨时期，企业追求的价值最大化是利税；随着我国《鞍钢宪法》的出现，企业开始注重设备的管理，在企业内部建立设备管理的相关职能部门，企业开始由被动的设备故障维修转变为基于时间工作量的设备维修体制，即预防维修、计划检修
3	制造维修	产生于20世纪70年代，企业追求价值的最大化是利润，在此期间英国出现了"综合工程学"理论；20世纪80年代，企业分配导向税后利润要分三金，企业追求的价值最大化是净利，在此期间美国出现了"后勤工程学"理论；企业开始改变设备管理模式，不是仅仅对单台设备进行检修，而是对整条产品作业线设备进行有计划的检修，这种企业设备管理是基于产品作业线的维修，即后来的制造维修
4	全员维修	产生于20世纪80年代，日本在学习预防维修的基础上，吸收英国的"综合工程学"理论和我国《鞍钢宪法》中"两参一改三集合"的方法，并根据日本企业的传统经验，提出了日本式的设备综合工程学，它是指全员参加的制造维修保养，简称全员维修

(续)

序号	类别	内　容
5	预知维修	产生于20世纪90年代，企业追求长期发展需要积累企业可支配自有资金，企业追求价值的最大化是企业资金净流量。企业相继出现全面的质量管理、全员参加的制造维修以及根据产品价值流的准时管理。到了21世纪，企业作为国家的一个经济细胞，应对国家有所贡献，企业追求价值的最大化目标是经营贡献，发达国家和发展中国家企业出现不同的管理方式和设备维修方式。发达国家企业的设备管理发展基于设备状态的维修，后来发展成为预知（状态）维修
6	设备管家	它集预知（状态）维修和自主维修于一体，是一种新的"预知状态，超前管理"的基层（设备操作人员、设备专职点检人员和工程技术人员）设备管理形式，即设备管家体系 它是我国老一辈的设备管理人经过几十年时间对设备管理实践的反复研究，以中外先进设备管理理论为基础，根据我国企业的管理特点总结出来的，是广泛符合国情和文化以及我国企业管理需要的设备管理方法。它是企业设备管理重心下移的具体体现和提升企业设备管理方式的组织架构，也是提高我国企业设备管理核心竞争力的助燃剂 而"设备管家制"是我国企业里的一种"以适应社会主义市场经济需求的、服务于国家在企业发展融合的远景，以及服务于企业产品现场作业设备的、企业基层设备管理制度"

　　设备管家是由企业根据设备管理的需要，在其产品作业线上建立的"三位一体"基层设备管理机构（即企业的设备管家体系）实施的"以预知状态、超前管理为核心的，以停产检修为主导的计划预防维修管理"的企业现场作业设备的管理制度（简称"设备管家制"），再加上以一整套由企业全部设备业务"数据记录、档案资料和规章"的管理制度（简称"资产管理制"），形成了企业设备两大"基础管理制度"的工作内容。由企业的"设备管家体系"管理设备的"设备管家制"的主要特点见表1-13。

表1-13　"设备管家制"的特点

序号	类　别	内　容
1	管理的定位	企业的设备管理系统是"生产性服务业"，必须要为"中国制造2025"规划服务，必须满足市场对企业产品的需求，必须为企业的产品服务
2	管理的主体	要充分调动基层员工的积极性，解放企业的领导，要将企业设备管理的重心下移，建立"三位一体"的基层设备管理机构，即设备管家体系，并同时形成企业设备管理的领导和设备管家体系这两个积极性的和谐、共赢机制
3	管理的对象	是"产品作业线设备"及比其管理的"非产品作业线设备"，按设备运行"组织（H）、维护（M）、修理（R）和大修（O）"四个阶段实施全面、全过程的管理
4	管理的重点	指"管理的对象"中"存有隐患的和曾经或即将发生故障设备"上的"最小维修单元"，作为管理实施其状态管控和组织其状态修复的重点
5	管理的手段	通过实施维护和"预知状态、超前管理"逐步实现状态管理并加速推进企业产品作业设备的"互联网+设备"数字化、信息化和智能化管理
6	管理的方法	是通过设备的两个层次（单体的和联动的）以及"设备管家七步骤"，实施由"设备管家体系管理设备"的自主管理，以实现解放领导、提升价值

第一章　确立企业设备管家体系

(续)

序号	类别	内容
7	管理的目标	为了严格确保企业"产品"订单完成，企业对管理的考核，要求对产品作业线设备做到"停产时间可控"并为企业的发展提供强有力的基础保障
8	管理的绩效	为了落实"三位一体"设备管家成员（即设备操作人员、专职点检人员和工程技术人员）的分工与职责要求，以及对设备管家日常设备管理工作的认可和指出存在的不足，通过绩效指标的拟定和执行，引导设备管家统一思想认识和设备管理的目的要求，激发基层设备管家对设备管理的动力

三、设备管理如何明确定位

1. 设备管理方式定位的变化

设备管理方式定位的变化如图1-4所示。

```
┌─────────────────────────────────────────────────────────────┐
│ 我国企业工业化起步时间较晚，人们习惯于手工时代基于人的要素管理以人为先的理念，  │
│ 即以劳动力主导产品制造。当企业实行工业化后，仍沿袭手工时代基于人的管理要素，认为  │
│ 是人创造了产品的价值，而忽略了机器设备提高了劳动效率的价值，初步形成设备是为制造  │
│ 服务的理念，并一直沿袭下来                                               │
└─────────────────────────────────────────────────────────────┘
                              ▼
┌─────────────────────────────────────────────────────────────┐
│ 自20世纪80年代我国开始改革开放，经过30多年的发展，我国企业一直在学习、仿效国外  │
│ 同行的设备管理经验；企业的设备经历了从小到大、从粗到精、从进口到国产化等重大转变； │
│ 企业设备管理体系从无到有，经历了从粗放管理向精细化管理等的变革；企业从产品制作实践 │
│ 管理的需要中，逐渐建立和形成一套设备管理体制，有力地推动了我国企业劳动制造力的发展 │
└─────────────────────────────────────────────────────────────┘
                              ▼
┌─────────────────────────────────────────────────────────────┐
│ 然而随着我国科技的不断发展进步，以及材料科学和机加工工艺科学的发展，先进的科技  │
│ 在装备制造业的广泛应用，我国装备制造业也能够根据国内企业发展的需要，制造出一批批具 │
│ 有"高、大、精、尖、专"等特点的设备。设备的复杂化、专业化、集成化和智能化程度不  │
│ 断加大，产品作业过程对设备的依赖性越来越大                                 │
└─────────────────────────────────────────────────────────────┘
                              ▼
┌─────────────────────────────────────────────────────────────┐
│ 随着产品作业过程对设备的依赖性增强，设备对产品的保障作用的地位提高，企业对设备  │
│ 的管理要求和需求也不断提高。在世界先进企业内，以设备主导产品作业的模式快速发展， │
│ 逐渐取代以往人工劳动力主导的产品作业时代。设备服务于产品的管理模式和功能已发生  │
│ 重大的管理思想变革                                                      │
└─────────────────────────────────────────────────────────────┘
                              ▼
┌─────────────────────────────────────────────────────────────┐
│ 当今企业间的竞争要素为产量、质量、成本、交货期、效率和服务等，采用优质低成本的  │
│ 产品和提高服务；企业响应自动化、集成化、智能化改造，推动我国企业劳动制造力和产品  │
│ 质量的提高，以及产品成本的降低，提高了企业在市场竞争中的地位。设备集成化、智能化  │
│ 的发展对产品的影响越来越大，产品对设备的依赖程度越来越高，对人的依赖性逐渐变弱。 │
│ 企业设备的功能作用发生了重大转变，设备直接服务于产品的功能得到充分体现和逐渐强大 │
│ 起来，或设备对产品的竞争要素影响起决定性的作用了。形成工艺和设备的管理，越来越趋 │
│ 向专业化的分工和协作化的管理方向发展；设备管理逐步摆脱依附和从属于制造管理的历史 │
│ 束缚，形成设备与制造都是为企业产品服务的同等重要地位                         │
└─────────────────────────────────────────────────────────────┘
```

图1-4　设备管理方式定位的变化

2. 如何对设备和设备管理定位

以往有很多人总认为设备管理是为制造管理服务的，老板或经理只关注制造而对设备管理不感兴趣、不重视；也有一些人认为设备管理就是搞维修，只要给产品作业上多配几个维修工就行了。这些思想都过于片面。想想看，设备在企业是制造产品的"母机"，企业的作业产品的产量、质量、成本、效率、交货期、环保等无一不与设备有关，如果"母机"出故障了，还能作业出合格的产品吗？

"设备是为制造服务的"，这种观念已经在逐步改变和进步了，企业最终的竞争是产品在市场上的竞争。因此，在企业内部所有的工作都是为产品服务的，设备也不例外，也是为企业的产品源源不断地交付而服务的；同时使用设备的用户即产品作业线上的设备操作人员对设备满意，从而实现企业价值的最大化目标。

设备定位的内容见表1-14。

表1-14 设备定位的内容

设备定位的项目	设备定位的内容
企业各部门的管理目标都是为企业产品服务的	图1-5所示为企业管理三大系统之间的管理和作用，这三大系统分别由设备管理、作业管理和职能管理部门行使职权；三大系统共同的目标是产品，三大系统之间是相互依存的联系。设备保障系统和生活物流系统对企业的影响已逐渐显现
企业设备的用户	企业设备的用户是指服务部门、上道工序、管理部门以及设备操作使用部门，因此对设备维修部门的考核指标是用户满意。对于设备用户（服务部门、上道工序、管理部门、设备使用部门等）要求做到检修后现场的清理工作，对于企业来说要求做到检修不超时和设备检修的质量有保证，对于维修人员要求维修全程无事故。设备在企业的地位如图1-6所示
实现企业价值最大化	企业价值最大化是企业发展的最终目标。企业价值最大化的表现是企业构成因素创造价值以最优化为主。设备在不同的价值追求里，人们对设备的认识是不一样的。随着人们认识的发展，设备的地位和作用被逐渐显露出来。企业在不同阶段追求的价值最大化内容如图1-7所示 企业价值最大化的发展见表1-15

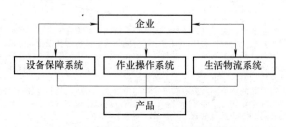

图1-5 企业管理三大系统之间的管理和作用

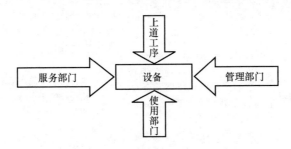

图 1-6　设备在企业中的地位

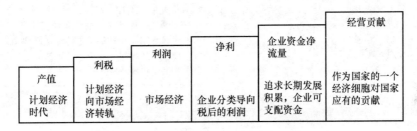

图 1-7　企业在不同阶段追求的价值最大化内容

表 1-15　企业价值最大化的发展

序　号	时　间	经　济　体　制	最大化目标
1	20 世纪 50 年代	计划经济	产值
2	20 世纪 80 年代	计划经济向市场经济转轨	利税
3	20 世纪 90 年代	市场经济	利润
4	20 世纪 90 年代	市场经济	净利
5	20 世纪 90 年代	市场经济	企业资金净流量
6	21 世纪	市场经济	经营贡献

　　设备管理与制造管理相当于人的左右手的关系，能分辨出哪一只手更重要吗？一个岗位上缺一个工人，通过合理的人员组织是可以维持短时产品作业的。但是如果一个流水线的作业工序缺一台设备，也能够维持正常的制造作业吗？答案是肯定不能。毕竟人的工作效率是与设备相差很远的。如果没有将设备为企业创造的价值与人创造的价值进行比较分析，那就无从谈起了。设备管理在企业中的定位见表 1-16。

表1-16　设备管理在企业中的定位

设备管理的定义	设备管理机构的定位	企业设备管理工作三个方面的含义
设备管理是为企业实现产品或服务提供支撑的，设备管理不是为企业制造服务的，而是着重强调为企业实现产品而分工协作的。因为设备管理与制造管理和相关职能部门管理是一种分工协作或合作的关系，企业竞争外在上表现是产品或服务的竞争。企业内部各部门的管理活动都是围绕产品或服务展开的	从图1-8中可以看出，不管是货物类企业，还是服务类企业，企业里的设备管理单位、制造管理单位以及企业内部的相关职能部门，最终的管理目的都是为企业的产品服务的。这也是当代先进企业设备管理的显著特点和作用，是设备管理史发展的一种必然性结果，是企业进步的一大标志性管理系统工程。先进的企业里设备的先进与设备管理的先进是分不开的	企业设备管理工作的定位归纳成一句话，即企业的设备管理工作要为企业的发展提供强有力的基础保障，其含义主要表现在以下三个方面： 1）设备为企业的产品服务 2）让设备的用户满意 3）使企业的价值最大化 　　因此，作为"三位一体"的基层设备管理机构，即设备管家（设备操作人员、设备专职点检人员及工程技术人员）首先要明确自己工作的定位和性质，清楚设备管理对产品作业管理的重要性和决定性作用。设备管理是企业管理工程学的一门学科，具有体系化、规范化、标准化、精细化及制度化等特点，设备管家需要具备一定的专业基础知识和技能，以及高度的自信心、责任心、爱岗敬业和敢于担当的使命

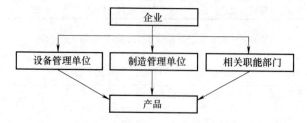

图1-8　企业设备管理机构的定位

3. 设备与设备管理的作用关系

设备是企业固定资产的一部分，同时也是为企业产品创造价值的主要动力，与企业产品的产量、质量、成本、安全、交货期、效率等因素息息相关。最终是以设备能够为企业创造多少价值来作为衡量选用设备的主要依据，即以设备的投资利润比为参数，同时也要综合设备日后的运行、维护、维修、备件的易购性和及时性来进行确定。

当前我国企业的产品在面临国内外市场的巨大竞争下，企业普遍通过追加投资，对产品作业线的设备进行更新换代改造，其目的就是提高产品在市场上的竞争能力，通过降低产品的作业成本、提高产品品质、提升产品的性能、节能、安全与环保等来提高产品在市场上的竞争能力和盈利水平，从而满足企业生存和发展的需要。因此，当前以设备主导企业产品作业线的决定性作用已形成。在企业，设备与设备管理的作用见表1-17，设备管理的作用如图1-9所示。

表1-17 设备与设备管理的作用

项目	作　用
设备	设备在产品作业线的作用主要是提高产品作业过程的效率、提高单位产品的劳动生产率、减轻员工的劳动强度、提高产品作业的质量（精度、性能）、降低产品作业的成本以及缩短产品的交货期，为市场提供质优价廉、节能、安全与环保的产品，从而满足市场竞争和企业生存发展的需要
设备管理	企业为了源源不断地向市场提供自己的产品，从而满足生存和发展的需要，同时也要求产品作业线上的设备能够保障产品作业过程顺利进行。如何去做到保障设备在产品作业过程顺利进行，需要对设备进行日常不间断的管理过程，即发现和及时处置设备存在的各种隐患，做到防患于未然。这就需要对设备进行日常的一系列规范化、制度化和精细化的管理活动过程，即设备管理 设备管理的概念有广义和狭义之分。广义的设备管理通常理解为对设备一生的管理，即从设备的规划、设计、加工制造、安装、润滑、使用、维修、改善以及报废处置等一系列的活动过程，通常在企业内部设置机构来组织实施设备管理和技术管理活动。狭义的设备管理主要是指设备的使用部门，即拥有产品作业线的部门，主要是利用企业设备管理部门的指导性，对该产品作业内部的设备进行日常的一系列的管理活动，即从设备的使用至设备的维修阶段的管理活动 本书主要侧重的是设备的点检、维护、润滑、维修的管理过程
	"三位一体"基层的设备管家体系中，在以设备主导产品作业的现代化企业，设备管理的重点是对设备的点检、润滑、维护保养以及设备维修的管理。在以设备主导产品作业的现代化企业里，设备管理的作用是，如何做到保障设备能够及时有效地提供均衡产品作业过程，降本增效以及稳定运行的需要。设备与设备管理之间的关系是保障与被保障的关系，如果脱离任何一方，将失去意义

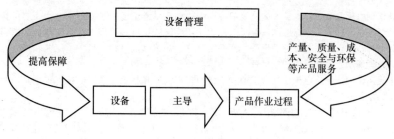

图1-9 设备管理的作用

案例1-4：设备管理工作的作用。这里以电梯事故为例来说明设备管理工作的作用，基本内容见表1-18。

表1-18 案例1-4的基本内容

事情经过	据国家质检总局发布的通报称，2015年1~7月全国共发生电梯事故30起，造成27人死亡，11人受伤。在高楼林立、商贾汇集、车站、机场等公共场所，电梯是一个再也普通不过的设备。然而事故频发却让许多人在乘坐电梯时感觉忐忑不安、心生敬畏。既然电梯属于特种设备，国家有严格的标准，如果没有重大意外（如地震等的发生），就应该保证绝对安全。面对如此频发的电梯伤人事故，许多人不禁在问，怎么会出现这么多电梯伤人的事故？问题到底出在哪儿了

(续)

原因	1) 对电梯缺乏日常的规范性的维护和保养管理。我们要对存在设备管理思想意识淡薄的原因进行分析。主要是在当前市场经济条件下，各行各业都在追求利益的最大化。企业在产品作业领域是由工艺流程和设备的不断进步，提高了社会劳动制造力，推动了制造力的发展，从而推动了企业的高速发展。由于设备在产品作业或服务中创造的经济和社会价值，在财务上核算存在权衡的复杂性，故将其隐藏在企业的产品或服务中。在企业产品或服务创造的价值中，有一部分是由设备创造出来的却不被人见。但人们总是习惯看到现成的、实实在在的价值利益或好处，这种隐形的利益或价值却容易为人们所忽略和遗忘。 2) 设备管理过程中创造的经济和社会价值也是隐形的，也隐身在企业产品或服务中。然而这种被隐藏的经济和社会价值，没有及时被财务以核算的形式表现出来，导致设备管理过程中产生的价值得不到广泛的认知和认可。同时正是这种被隐身、不被人知的价值是导致人们对设备管理思想意识淡薄的根源。 3) 通常认为设备管理不重要，主观上人为地放任了对电梯设备隐患无人监管的现象。更悲哀的是社会上普遍认为，设备管理是维修工的事，随便养几个维修工就是设备管理了。毋庸置疑，设备管理确实与维修工有关联，但不全是。维修是设备管理的一个子系统，设备管理是一个系统的管理化的管理工程。它跟制造系统一样都是为企业产品服务的，没有轻重之分。就跟人的消化系统与呼吸系统一样，你能判断这两个系统哪个更重要吗？如果设备管理行业在国内普遍得不到社会应有的认知、尊重、重视和敬畏，就不可能形成规范化、制度化、常态化、完善的管理实践体系，也不可能在实际管理操作中真正将管理落地生根。现实的社会中，总有人喜欢抱着侥幸的心理，认为电梯是不会出现事故的，就人为地放任了对电梯的管理。一旦出现伤人事故，相关部门要追责，才想起对电梯设备进行管理。这种敬畏于追责的、被动式的设备管理，是注定不能持久和长效的。事故发生后采取一阵风地安排相关人员开始检查、维护、维修设备，待开机正常后又不管了的"风暴"型机会管理，周而复始不断进入恶性循环。这种集必然与偶然于一体的"风暴"型的设备管理方法，注定要付出惨痛的代价，设备管理者们应认真反思
防范措施	我们究竟该怎么管好电梯呢？对电梯的管理，企业的决策者要及时转变思想观念，清醒地认识到电梯是需要日常管理的。要把管理电梯摆在日常重要的工作范围之内，要保持高度的社会安全责任感、使命感和风险防范意识，需要厘清思路和管理方法，清醒地认识到电梯作为一种特种设备，与其他的设备一样需要日常的规范性的点检、维护、保养和维修等一系列的管理活动。电梯管理和设备管理一样，在社会上应得到尊重和认可，而不是市场经济条件下无用论的产物。电梯在其管理上有严格的管理流程和技术方法。电梯管理也是企业管理的一门学科 中设【2014】28号文件指出："按照社会主义市场经济及现代企业制度的要求，建立符合企业实际需要的'三位一体'的基层设备管理机构，具有日常维护、预知状态、超前管理的保障功能和组织专业维修队伍以完成设备维修工作，为企业发展提供强有力的基础保障""企业负责人重视设备管理工作，将设备管理重心下移并重视设备的安全和节能减排工作，切实提高设备综合效率""主要产品作业线设备能为企业的产品服务，设备停产时间可控及管理经济技术指标先进，设备状态长期保持良好，能动态地掌握设备状态，并有可靠的设备维修措施，确保企业产品制造作业安全运行。"企业"三位一体"的基层设备管理机构，即设备管家。它具有"结构简单、管放分离、分工明确、职责分明、团结一心、目标一致、两专互补、保障有力、绩效统筹、效高增利"等特点。因此，要建立电梯的"三位一体"基层设备管理机构，需要如下几个步骤： 1) 要完善电梯设备管理的组织机构、人员及职责要求：具体落实由那个部门去管，谁去管，管什么，管得好会怎么样，管得不好会承担什么样的责任，在"三位一体"的基层设备管理机构即设备管家体系中，电梯操作人员、电梯专职点检人员和工程技术人员各有不同的管理内容和职责要求，责任要分解落实到人

(续)

防范措施	2）要建立电梯管理的相关管理制度，并组织电梯操作人员、电梯专职点检人员和工程技术人员等相关人员学习和组织验证，如（电梯知识、技能、安全）培训制度、电梯安全操作制度、电梯的清洁制度、电梯点检制度、电梯维修制度、电梯润滑制度、电梯的应急处置制度以及易磨损件的定期更换检查检测和更换制度等。制度的建立要有可操作性的实际要求，要能够真正落实到工作中去，不能违背客观事实而超出能力范围。完善工作流程化、制度化、规范化管理作业要求 3）要建立电梯运行的目标绩效考核体系。对电梯的操作人员、专职点检人员和工程技术人员建立不同的绩效指标权重，但要目标统一。建立"公开、公正、公平"透明的考核体系，让电梯操作人员、专职点检人员和工程技术人员根据各自的职责要求，完成统一的目标任务。即做到对电梯"预知状态、超前管理"的组织要求，来避免设备事故的发生
总结	1）任何设备都需要进行有效和规范性的管理。设备管理工作具有现实的重要性和必要性，它不仅是危及企业产品作业的管理，而且还会对人员的安全管理造成威胁，同时也能够创造价值 2）设备管理是一门管理工程学，需要建立一套科学的管理体系，是一种需要踏踏实实的工作行为，不是一两个维修工的事 3）设备管理过程创造价值的内容包括设备提升劳动制造力创造的价值（有些企业是通过折旧的形式回收）和设备故障带来的损失价值之和。设备因管理不善而损失的价值包括资财价值和安装费用（人员工资和工程机械等费用）价值、润滑油损失的价值、设备停产导致半成品或成品损失的价值、合同违约的价值以及产品的利润价值等 4）设备管理思想改变和管理方式的选择是决定设备管理能否有效和成功的关键。设备管理行业需要得到社会应有的认知、尊重、重视和敬畏，需要建立规范化、制度化、常态化、完善的管理实践体系，更需要在实际管理操作中能真正将管理落地生根 5）设备管理的方向是利用"预知状态，超前管理"来防范设备故障和事故的发生，需要建立一支有着广泛员工（设备操作人员、设备专职点检人员和工程技术人员）参与的设备管理基层的机构，即"三位一体"的设备管家体系，集状态检修与自主检修于一体，推动设备管理向精细化、规范化、标准化、制度化的方向发展，从而推动企业管理的发展 因此，在我国以设备主导产品作业的现代化企业里，设备管理的作用是保持设备的精度、性能、效率、功能等，并使它们得到最大的延长状态和及时有效的恢复，能够为企业源源不断地提供质优价廉的产品或服务，以满足市场和企业发展的需要

四、设备管理的职责和要求

企业要注重设备管理，通过对设备管理的合理定位，要求设备管理在企业管理中承担一定的职责，从而满足对设备管理的需求。设备管理的职责和要求见表1-19。

表1-19 设备管理的职责和要求

类 别		内 容
设备管理的职责	机构职责	负责对部门的设备进行全寿命周期全方位有效的综合管理与控制，通过建立各项设备管理体系的规章制度、流程和标准来组织、计划、协调、指挥、调度设备的日常管理
	人员职责	根据产品作业需要和设备管理体系要求，担负起对设备管理规章、制度、流程和标准的落实并切实有效地执行

(续)

类别		内容
设备管理的要求	设备管理思想的改变	设备管理思想的改变是做好设备管理的前提和条件,改变在计划经济条件下设备管理的模式和方法,转变为以企业作业产品为中心的设备管理思想。弄清楚设备管理是管理设备的一生,主要涵盖了设备的构思、设计、制造、安装、调试、使用、维护维修、大修直至设备的报废处置等过程的技术和经济技术的寿命管理活动内容 现阶段企业要建立"三位一体"基层设备管家的目的和工作任务是弄清楚企业建立设备管家制的特点和职责,主要是围绕产品作业线设备的日常德点检管理、日常维护管理以及设备不停产检修和停产检修管理的管理过程
	建立设备管理的目标	当今各行各业都追求精益管理,企业的各种管理活动也不例外。在设备管理方面是企业要努力追求设备综合效率的最大化,即设备的理论性能和实际性能的差距最小或实际生产能力与理论生产能力的比值即全局设备效率(OEE)最大化,尽可能用最小的投入获取最大的回报 在市场经济和精益管理的要求下,在企业里生产系统和设备系统两大板块都要以"产品"服务为中心。设备系统在提高劳动生产率的同时,也要做好保障产品作业均衡稳定并源源不断地作业出质优价廉的产品,要以"用户满意"为宗旨。企业不仅是对外要使制作的产品让"用户满意",而且也要使企业内部的"用户满意"。企业的设备管理要为企业的产品服务 因此,在实施管理目标时,企业的设备管理要有"四保持",即保持设备的完整、保持设备的精度、保持设备的系统功能、保持设备的性能
	关注设备管理的对象	根据在市场经济条件下以及现阶段设备管理的需要,按照是否参与产品的作业直接作业过程,将作业线设备分为两大类,即产品作业线设备和普通作业线设备 企业组建"三位一体"基层的设备管家,对日常设备管理的对象是企业的产品(服务)作业线设备和普通作业线设备,而不是传统的单体设备,也不是专业、车间设备。同时,对设备的管理必须是企业为提供产品的作业线设备和普通作业线设备
	把握设备管理的重点	在企业产品作业线上的众多设备中,如何去管理?这就涉及设备管理的重点和一般之分。对产品作业线上的关键设备的状态受控点的点检、维护和维修是做好设备管理的一项重要工作,也是"三位一体"的设备管家日常管理的重点工作内容。因此,企业产品作业线上的关键设备及其上面的状态受控点应为设备管理的重点 企业通过全员的努力,共同确保这些产品作业线设备的"状态控制点"控制在标准允许的范围内
	熟悉设备管理的方法	从企业设备故障统计和分析着手,通过对设备状态控制点的跟踪、掌控(包括应用专用器具),明确企业设备运行的主要问题,并针对性地予以解决。故障管理的目的是追究对发生故障源头的管理与防控,建立设备故障规律曲线。通过设备的故障现象,分析产生故障的本质原因及其故障产生的必然性和偶然性之间的联系。这样能够有效落实对故障的源头管理。通过"三位一体"设备管家的点检、维护和维修,从而将设备隐患消灭在萌芽状态,提高设备的可靠性和运转率,满足产品作业的要求

（续）

类 别		内　容
设备管理的要求	运用设备管理的策略	在市场经济条件下，企业以追求经济效益的最大化为目标。在企业的产品作业过程中，一般要以企业的成本为中心进行管控，但也有个别场合以安全、交货期、质量和产量为中心。因此，企业的"三位一体"设备管家在日常工作中也应围绕此中心展开。以最少的投入获取最大的回报，要求对设备的点检、日常维护、维修中要贯彻成本管理的思想。那么，如何降低成本？如何去减少设备故障的发生？如何去避免不必要的费用产生？这需要运用管理策略权衡费用与维修之间存在的矛盾，同时也要把握故障管理是为策略管理提供依据或凭证的
	厘清设备管理的思路	在市场经济条件下，建立适应我国国情和厂情的设备管理思路，是当前企业设备管理人的首要职责，充分调动设备操作人员、设备专职点检人员以及工程技术人员的积极性，将"职、权、效、利"相结合。"职"的要求是职责明晰到位管理；"权"的要求是充分发挥和尊重其自主管理设备的能力；"效"的要求是通过管理绩效考核引导设备管家管理的方向和方法，同时也是对设备管家能力的尊重、认可和指导；"利"的要求是根据对设备管理绩效的评价，与工资薪水结合为一体，即将企业的利益与员工的利益结合在一起 俗话说"重担众人挑"，开展全员参加的服务于产品的设备管理和维修要贯彻"预知状态，超前管理"的原则，一切要确保企业产品的合同或订单能保质保量按期交货
	总结设备管理的实务	实行以点检为核心的设备管理实务，即点检前的"五项准备或确定"和点检作业的"五个要素"，实施"七事一贯制"，建立设备管家管理设备的制度。同时，通过不断总结、分析点检工作存在的问题或不足，运用"PDCA"循环管理和"5W1H"的工作方法，不断进行优化和固化管理的过程，推动设备管理的进步
	创新设备管理的手段	创新是推动人类社会发展与进步的永恒主题，没有创新就没有社会的发展和进步。目前企业设备管理也面临转型期，企业新组建的"三位一体"基层的设备管家，经过培训都要熟悉设备点检的内容，通过相应的点检（五官和相应的器具）达到能掌控"状态控制点"的现状并实施超前管理，同时要利用互联网创新"互联网＋"设备管理新手段，不断构建"设备互联管家"新的设备管理模式，推动设备管理网络化的发展。
	引导设备管理的绩效管理	通过绩效管理引导设备管理的方向，根据日常对设备管理内容的需要，在对设备管家日常工作绩效考核中，由"以部门为中心"而过渡到"以产品为中心"，再辅之以相应的设备状态指标，要提倡自己和自己比，而尽量不要与奖金捆绑，避免为奖金而弄虚作假 另外，改变考核后盾"负激励"，这种做法的心理后果是被扣者自认倒霉，没扣者感觉幸运；反之，"正激励"能对考核优秀者实行鼓励，并成为差者努力的榜样，是积极向上的心理状态
	尊重设备管理的发展规律	不断总结、分析各阶段设备管理的规律，清楚了解设备管理发展的历史和趋势，这是设备管理者不断学习和进步的源泉。从设备管理历史的发展中总结出新的规律、新的制度、新的管理方法，对提高设备管理的效益和效率有重大的意义

五、设备管理的典型模式

设备管理是随企业对设备重视的发展而发展的。设备管理的典型模式见表 1-20。

表 1-20 设备管理的典型模式

管理模式	内　容
事后修理	事后修理是指设备发生故障后再进行修理。这种修理方法出于事先不知道故障在什么时候发生，缺乏修理前准备，因此修理停歇时间较长。此外，因为修理是无计划的，常常会打乱生产计划，影响交货期。事后修理是比较原始的设备维修制度，除在小型、不重要的设备中采用外，已被其他设备维修制度所代替
预防维修	第二次世界大战时期，军工生产很忙，但是设备故障经常破坏生产。为了加强设备维修，减少设备停工修理时间，出现了设备预防维修的制度。这种制度要求设备维修以预防为主，在设备运用过程中做好维护保养工作，加强日常检查和定期检查，根据零件磨损规律和检查结果，在设备发生故障之前有计划地进行修理。由于加强了日常维护保养工作，使得设备的有效寿命延长了，而且由于修理的计划性便于做好修理前准备工作，使设备的修理停歇时间大为缩短，提高了设备的有效利用率
生产维修	预防维修虽有上述优点，但有时会使维修工作量增多，造成过分保养。为此，1954 年又出现了生产维修。生产维修要求以提高企业生产经济效果为目的来组织设备维修。其特点是，根据设备重要性选用维修保养方法，重点设备采用预防维修，对生产影响不大的一般设备采用事后修理。这样可以集中力量做好重要设备的维修保养工作，同时也可以节省维修费用
维修预防	人们在设备的维修工作中发现，虽然设备的维护、保养、修理工作对设备的故障率和有效利用率有很大影响，但是设备本身的质量对设备的使用和修理往往有着决定性的作用。设备的先天不足常常是使修理工作难以进行的主要方面。因此，于 1960 年出现了维修预防的设想。维修预防是指在设备的设计、制造阶段就考虑维修问题，以提高设备的可靠性和易修性，保证在以后的使用中设备能最大限度地减少或不发生设备故障，即使一旦故障发生，也能使维修工作顺利地进行。维修预防是设备维修体制方面的一个重大突破
设备综合管理	在设备维修预防的基础上，从行为科学、系统理论的观点出发，于 20 世纪 70 年代初又形成了设备综合管理的概念，即设备综合工程学，或叫作设备综合管理学
信息化设备管理	在 21 世纪初，信息化得到迅速发展，企业为了提高产品在市场上的竞争优势，提升管理方法和手段，开始运用的信息化。设备管理作为企业管理的一部分也得到迅速有效的发展，如运用在线检测现场设备状态，再如运用企业资产管理（EAM）软件侧重设备备件物资的采购库存管理、运用企业资源计划（ERP）系统进行资产管理以及运用基于物料清单（BOM）的维护、维修、运行（MRO）模式强调维修全过程管控，对设备的全寿命周期进行跟踪和追溯

六、适合我国国情的设备管理模式创新——设备管家制

经过近 40 年的改革开放,我国的企业由小变大、由弱变强,但企业的整体竞争力仍然不强,虽然我们通过引进、消化、吸收先进的技术和管理经验,但没有在引进、消化、吸收的基础上进行创新和发展,从而制约了我国企业设备管理方式和方向的发展,因此发展适合我国企业设备管理的方式和方向是当今设备管理人义不容辞的责任和时代要求。

同时,很多企业逐渐认识到"计划维修"方式难以适应市场发展及竞争形势要求,企业设备管理必须由"计划维修"向更高的层次提升。也就是说,我国企业的设备管理必须提升,必须进入"以产品为中心的设备管理方式"的新时代,建立设备管家制是应时代的发展而发展的。设备管家制的内容见表 1-21。

表 1-21 设备管家制的内容

项　　目		内　　容
企业建立"三位一体"基层设备管理机构的定位和任务	建立"三位一体"基层管理机构的定位	按照社会主义市场经济和现代企业制度的要求,建立符合企业实际需要的"三位一体"基层设备管理机构,具有日常维护、预知状态和超前管理的保障功能和组织专业维修队伍以完成设备的维修工作,为企业发展提供强有力的基础保障
	"三位一体"基层设备管理机构的任务	1)规范设备的运行。要求正确地使用和操作设备
		2)日常维护。设备外部环境的保养以及设备内部零部件的润滑
		3)预知状态。设备"隐患"点检查找
		4)超前管理。对设备故障未雨绸缪,基层有参与设备管理的决策权
		5)维修准备。组织完成设备性能或功能的恢复
企业设备管家体系的管理目标		主要是产品作业线设备能为企业的产品服务,设备的停产时间可控及管理经济技术指标先进,设备状态长期保持良好,能动态地掌握设备状态,并有可靠的设备维修措施,确保企业产品生产作业安全运行 世界上所有企业的生产时间都是一样的,对设备日常管理的好坏将直接影响企业的产品交货期以及质量要求 因此,我国企业发展适应自己的设备管理方式,建立适应企业的"三位一体"设备管理方式,强化对设备运行状态的管理,对隐患及时进行日常的维护和保养,使设备长期保持在处于正常使用状态,满足设备对产品的要求,提高客户对产品的认可度,并进行持续的市场交易
企业设备的改善原则		企业的设备改造和更新投入应坚持技术先进、经济适用、安全可靠和节能减排的原则,不断提高企业的装备技术水平,实现企业的创新和可持续发展 实现企业的技术创新,只在时间、质量、成本、交货期等方面努力已经不再足够,需要进行各种管理上的创新

(续)

项 目	内 容
企业面临的环境因素	1）全球化。全球化是指产品可在全球任意地点设计、在全球任意地点制造、在全球任意地点和任何时间维护；要求改进产品质量
	2）产品的复杂性。增加的零件数量、使用标准、按单生产和大规模定制；要求缩短时间
	3）竞争。在全球加剧需求细分，在集中核心能力的同时调整巩固创新产品和过程的需求；要求创新
	4）价格压力。全球价格要求首次定价必须正确，企业必须知道其成本下降的产品的毛利。要想降低成本，提高创新能力是企业迎接市场经济挑战的唯一选择
可持续发展与现代设备维修	1）可持续发展的战略基点是使经济发展的速度与自然界再生能力相适应
	2）传统的维修概念主要是维持或恢复设备的额定状态，以及确定和评估其实际状态的措施
	3）现代设备维修必须在可持续发展的前提下，通过先进的技术使产品得到再利用，从而延长其使用寿命，以达到最大限度地利用资源、保护资源及维持生态平衡的目的
	4）要求在设备寿命周期不同的阶段，采取不同的措施以延长其使用寿命。在设备的使用、维修阶段通过加强管理以提高设备的利用率；通过现代化改装和再制造技术，对废旧设备再利用
设备管理的前提和标准	企业生产产品的经营活动以全面完成作业计划、设备的安全运行和节能减排为前提，企业设备的能耗和污染物排放要达到国家和行业规定的标准
企业生产经营活动的内容	1）产品作业计划的实施
	2）确保设备的安全运行
	3）节能减排
	4）设备的能耗
	5）环保和污染物的排放
	6）全面完成工作任务

第三节　设备管家体系符合供给侧改革的需要

一、设备管家体系的架构与工作流程

1. "三位一体"基层设备管理机构的组成

"三位一体"基层设备管理机构的组成见表1-22。

表 1-22 "三位一体"基层设备管理机构的组成

设备管理机构负责人	管 理 内 容
作业分厂的生产厂长和设备厂长	企业签订订单的合同后,开始对产品组织生产,准备并选定产品作业线后下达生产作业任务。在接到生产作业任务后,根据生产工艺管理与设备管理分别向生产科和设备科下达工作指令(见图 1-10 中的实线) 以往的设备点检往往是由设备厂长安排设备管理员的专职点检和工程技术人员的精密点检(见图 1-10 中的虚线)
生产科长和设备科长	将生产管理和设备管理任务的相关要求和标准落实到车间生产线,在车间作业开始以生产线建班组的条件下,再分解各个工序作业岗位
车间生产线负责人(一个职能是完成工艺操作和作业任务,另一个职能是设备维护和产品保障)	将设备点检管理落实到基层的设备管理机构,即"三位一体"的设备管家体系中(设备操作人员、设备的专职点检人员和工程技术人员),根据各自对设备点检的职责要求和点检的层次落实对设备的日常点检管理工作
设备操作人员	日常点检,主要是通过五官点检,填写设备隐患记录以及简单的小修,如对设备的清扫、紧固、润滑、调整等
设备专职点检员,即设备管家	通过专业点检和检查操作人员的隐患记录,对隐患进行合理分类,根据隐患的轻重缓急组织联系设备维修人员进行及时修复
工程技术人员	主要对设备实施精密点检,侧重设备的故障分析和倾向管理,对制约设备的瓶颈问题通过相关的检测和专业知识的指导予以解决及时发现设备存在的隐患,联系设备维修人员处理,将设备故障的隐患消灭在萌芽状态,从而做到对设备"预知状态,超前管理",从而满足产品作业线正常的生产的要求

设备管家体系的架构如图 1-10 所示。

2. 建立"三位一体"基层设备管理机构的意义

建立"三位一体"基层设备管理机构的意义见表 1-23。

表 1-23 建立"三位一体"基层设备管理机构的意义

序 号	意 义 内 容
1	是当今企业对设备管理重心下移管理的需要,可让企业的管理者腾出更多的时间来处理企业的外部发展
2	明确各层次设备点检管理的职责和分工的需要,通过不同层次的对设备的点检检查提升员工的素质和防范设备故障的发生
3	发挥基层员工参与对设备管理的需要,明确所有的工作是为企业产品而进行服务的需要,设备正常与否关系到能否保障产品源源不断地生产和把握市场先机,是企业发展壮大的力量源泉

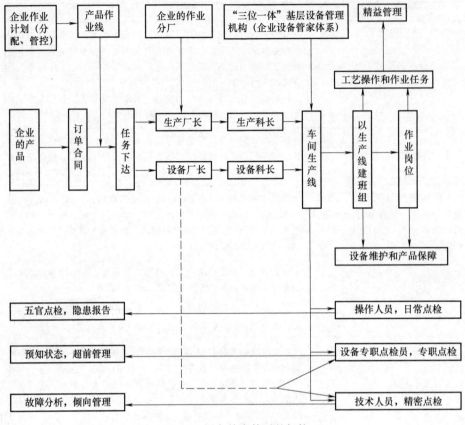

图1-10 设备管家体系的架构

3. 建立"三位一体"基层设备管理机构要完成的任务

建立"三位一体"基层设备管理机构要完成的任务见表1-24。

表1-24 建立"三位一体"基层设备管理机构要完成的任务

序号	任务名称	任务内容
1	规范设备的运行	要求正确地使用和操作设备
2	日常维护	设备外部环境的保养和设备内部零部件的润滑
3	预知状态	设备"隐患"点检查找
4	超前管理	对设备故障未雨绸缪
5	维修准备	组织完成设备性能或功能的恢复

4. 建立"三位一体"基层设备管理机构的工作流程

建立"三位一体"基层设备管理机构的工作流程如图1-11所示。

第一章 确立企业设备管家体系

```
┌─────────────────────────────────────────────────────────────────┐
│ 企业产品的描述：                                                │
│   企业"三位一体"基层设备管理机构中的人员首先要弄清楚什么是企业的产品，也就是│
│ 要弄清楚企业是干什么的？产品卖给谁？用户对企业的产品的要求是怎样的？        │
└─────────────────────────────────────────────────────────────────┘
                                    ↓
┌─────────────────────────────────────────────────────────────────┐
│ 制作描述和熟悉企业产品的作业工艺流程：                          │
│   设备管家系统人员要学习、熟悉产品作业的工艺流程，要能准确地画出工艺流程示意图，│
│ 要熟悉作业线设备的功能和摆放位置                                │
└─────────────────────────────────────────────────────────────────┘
                                    ↓
┌─────────────────────────────────────────────────────────────────┐
│ 确定与上述产品配套作业设备的规格、型号：                        │
│   对按工艺流程布置的设备的功能、性能参数、型号要进行仔细核对和登记，仔细阅读使│
│ 用说明书和操作规程，并将设备安装试机的相关参数进行记录备案      │
└─────────────────────────────────────────────────────────────────┘
                                    ↓
┌─────────────────────────────────────────────────────────────────┐
│ 组成"三位一体"设备管理体系和设备管家队伍：                      │
│   在以作业线生产单元（如分厂或车间内）组建基层的设备管理机构，即由设备操作人员、│
│ 设备管家（设备的专职点检人员）和工程技术人员构成的"三位一体"的设备管家队伍│
└─────────────────────────────────────────────────────────────────┘
                                    ↓
┌─────────────────────────────────────────────────────────────────┐
│ 到现场确认产品作业流程图及配套设备：                            │
│   "三位一体"的设备管家体系人员到现场仔细确认产品作业的工艺流程设备布置，要了│
│ 解清楚设备的功能、性能参数                                      │
└─────────────────────────────────────────────────────────────────┘
                                    ↓
┌─────────────────────────────────────────────────────────────────┐
│ 确定产品作业线设备的范围及其关键设备：                          │
│   设备管家系统的构成成员要能明确区分产品作业线设备和普通作业线设备，并能确定产│
│ 品作业线上的关键设备                                            │
└─────────────────────────────────────────────────────────────────┘
                                    ↓
┌─────────────────────────────────────────────────────────────────┐
│ 认真列出每台关键设备的隐患危害分析清单：                        │
│   设备管家根据设备使用说明书的要求或相关设备的使用和维修经验，对关键设备易出现│
│ 隐患的部位、易磨损件建立清单                                    │
└─────────────────────────────────────────────────────────────────┘
```

图 1-11 建立"三位一体"基层设备管理机构的工作流程

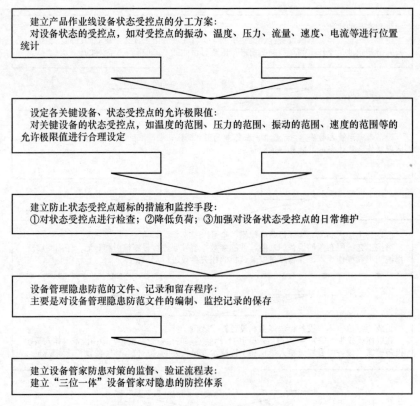

图 1-11　建立"三位一体"基层设备管理机构的工作流程（续）

二、设备管理进行供给侧改革的创新内容

设备管理进行供给侧改革的创新内容见表 1-25。

表 1-25　设备管理进行供给侧改革的创新内容

类　　别	内　　容
设备管理的定位	从追求设备完好率改革到生产性服务业
设备管理	从以设备为主线改革到设备尽职保障
设备管理的重心	以领导管设备改革到将设备管理重心下移，发挥领导和企业产品作业线设备管家的积极性
设备系统	从设备为生产服务改革到设备为产品服务，生产和设备都是企业的利益共同体
管理重点	从关注停机改革到认识停产的严重性
备件管理	从放前重后、轻维护、重备件库存改革到重前管后、重保养、减少库存
运维费用	从降成本先减维修费用改革到按订单制订维修费用

(续)

类 别	内 容
减政放权	从设备人是打工仔改革到设备管家体系,从生产和设备不等酬改革到都是为产品服务的内部协调者,都是供给侧改革中减法和加法的内容
人才管理	从重视管理轻技术管理模式改革到管理与技术并举的大国工匠,走技术强国的道路

建立设备管理供给侧改革的主要措施见表1-26。

表1-26 建立设备管理供给侧改革的主要措施

序号	目 的	内 容
1	减少政府管制,促进企业家的创新	对应设备管理,就应该简政放权,将企业设备管理重心下移,建立设备管家体系
2	降低税负,提高个人和企业家工作的积极性	对应设备管理,就要降税减负,以正激励替代负激励,尽量多奖少罚,要刺激生产必须增加资本积累并刺激个人的生产积极性

"设备管家制"是一种适应于市场经济的企业设备管理方式,是一种适应供给侧改革需要的企业设备管理的制度。

从"全寿命周期管理"的要求来看,企业设备经历了前期的策划制作时期、中期的使用创利时期和后期的报废回收时期。在"全寿命周期管理"的中期,企业的设备管理大致还可细分为四个阶段,即H(组织管家)阶段、M(维护)阶段、R(维修)阶段和O(停产检修)阶段。当今企业设备管理组织的结构形式应结合设备管家制,采用图1-12所示的企业设备管理组织结构形式。

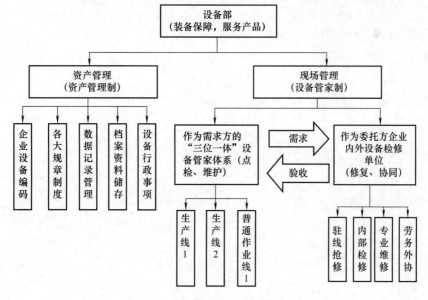

图1-12 企业设备管理组织结构形式

三、设备管家体系应用案例分析

案例1-5：某水泥公司生料工段设备管家制的应用见表1-27。

表1-27　某水泥公司生料工段设备管家制的应用

某水泥公司生料工段成立以生料区域专职设备管理员为首、设备操作人员（现场巡检）以及工程技术人员为一体的设备管理机构——设备管家

设备操作人员具体负责本区域设备的规范操作和日常维护，按"四无""六不漏"的要求工作。例如，石灰石破碎机操作人员，负责破碎机系统设备日常的操作、维护和保养任务，以及清扫、检查、紧固、调整和润滑。设备操作人员在操作中要关注和避免"四超"现象，即"超温""超速""超压""超负荷"。例如，石灰石破碎机操作人员，每天停机要对破碎机系统进行全面的检查，如检查锤头磨损、锤盘、衬板、齿板、承击板的磨损与开裂情况，箅子板的积料与磨损、箅子架开裂情况，保险门的位置以及配重等；清理破碎机轴承座处的积灰和油污；检查轴承的油位和油质，带轮、V带的磨损和张紧情况，电动机联轴器的磨损情况等；关注设备运行的电流和振动等。设备专职点检人员负责生料系统的设备日常的点检、设备隐患的登记、跟踪与协调维修人员的处理；制订生料区域的设备检修计划，如立磨系统的预检修计划，临停小修、中修和大修计划的编制和执行；负责设备备件计划的组织与管理；指导和督促各个设备操作人员规范操作设备和进行日常的维护保养

由技术部门指定生料区域的工程技术人员，负责生料区域设备的技术管理活动，设备技术的管理与设备改造管理，协助设备操作人员和专职点检人员。如针对石灰石破碎机主轴轴承频繁高温与损坏的问题，规划和拟定对破碎机的改造方案。工程技术人员着重解决制约正常产品作业的瓶颈问题等

通过组建生料区域的设备管家后，改变了先前设备无人管理的状态，设备隐患有人解决了，设备的瓶颈问题和故障少了，设备运行受控，满足了生产的要求，全年设备故障率比上一年下降了45%，产品耗用降低了0.12元/t

第二章
设备管家体系的八项原则

本章主要学习设备管家体系八项原则,提要见表2-1。

表 2-1 第二章提要

本章主要是讲解设备管家制的八项原则,即设备管家管理设备的四项基本原则和设备管家管理设备的四项工作原则
通过对设备管理八项原则的学习,使读者了解"三位一体"设备管家工作的内容、性质和范围。通过这八项原则的学习,可以了解: 1)设备管家的工作服务宗旨是满足产品和用户的客观需要。这是企业的生存之本。对设备管理的决策要求以理论与实践相结合的科学客观分析为原则,避免决策的失误给设备管理带来负面的影响;同时要积极与企业的设备决策层领导保持沟通,保持管理的高效和运转通畅,保证决策科学、经济和高效 2)设备管家的工作原则是"三位一体"设备管家的工作指南和行动纲领。不断创新是人类发展的动力源泉,通过全员的参与和系统化、科学的指导,推动管理的科学发展 3)企业设备管家体系的八项原则是设备管家管理设备的基础。它是在总结了"设备管家管理设备"实践成功的基础上,借鉴当代质量管理理论,提炼总结成的管理原则

第一节 设备管家管理设备的四项基本原则

设备管家管理设备的四项基本原则见表2-2。

表 2-2 设备管家管理设备的四项基本原则

类 别	内 容
树立为产品和用户服务的工作宗旨的原则	"三位一体"的基层设备管家认真负责,以服务于产品和用户满意为宗旨 服务于产品和用户满意是企业的生存之本,是企业所有人工作的目的。因此,在企业里所有的人(包括设备管家),必须将企业的产品和用户作为工作宗旨。企业里每一个人充分认识到:不为产品(企业的战略目标)服务和失去了用户等于企业以及设备管家失去了自己存在的价值 当然,企业里设备管家理应把所管辖的设备当作是自己的服务的对象,管好设备的目的是为企业源源不断地制造出产品来,作为产品"母机"的设备,如果缺少"三位一体"设备管家日常的精心维护,一旦"母机"出现故障了,它的性能、精度、效率、状态发生变化了,就不可能制造出质优价廉的产品,企业也就失去了生命力。因此,设备管家通过日常的点检、润滑、清扫、紧固、调整等手段,不断对设备进行维护,当设备关键部位的状态发生变化时,及时采取相应的措施来防范设备故障或事故的发生,保证产品作业线作业顺利,通过"预知状态"来达到"超前管理"的管理服务功能 设备管家在管理过程中要急产品之所急,想用户之所想,倾听服务对象的声音,要经常进行对操作用户的走访以及用户满意度的调查和分析,满足并超越用户的要求和希望

(续)

类　别	内　容
决策科学的原则	设备管家做任何设备管理决策都要有依据，应以"实践是检验真理的唯一标准"为指导思想，决策科学的依据来自设备管家对日常设备基础数据的积累、记录、归类、统计和分析总结的结果，并善于从中发现设备管理中存在的问题和进行有规律的总结 1. 决策的广泛基础性 为提高决策的有效性，必须有广泛参与决策的基础。"三位一体"设备管家必须积极参与决策的过程管理。收集设备日常出现的性能、功能、效率、精度等变化数据或文字信息，尤其是对设备故障信息的收集，故障发生的频次、故障发生的部位、故障发生的时间、故障发生造成的经济损失等，逐一进行登记和结果分析，为科学的决策提供理论支撑 2. 决策过程的民主 设备管家的管理决策是何时、何地、对何设备做什么的问题，即对设备进行点检、维护、润滑、小修和设备大修的管理工作，是设备管家的状态管理和自主维修于一体的管理决策。要求企业的决策层领导要尊重设备管家自主管理的积极性和动力，同时也要求设备管家根据企业的制造作业任务合理决策 3. 决策的科学性 必须实施基于事实的决策方针，强调数据、信息的收集和分析在管理体系中的重要性，以"实践是检验真理的唯一标准"为指导思想，要以实践、数据和信息为根据 因此，企业的设备管家日常管理设备应从设备操作方、检修方、定期点检、资材采购、专项试验、解体点检、故障统计和顾客满意等方面进行数据的收集，用统计技术方法进行分析，从而为设备管家管理设备做决策和实施设备改进时积累充分的依据
尊重领导的指导是前提的原则	领导是企业的最高管理者，他们的职责是高瞻远瞩、确定企业的战略方针以及制订企业的政策和策略，对企业的发展和前途负有领导责任 领导和设备管家所处的角度不同，产生的设备管理决策肯定也不尽相同。领导的决策是从企业统筹发展的角度出发的，具有前瞻性和统筹性。而设备管家的决策是从产品作业情况和设备运行状况的角度出发的，具有一定的局限性。领导决策和设备管家决策之间的关系是前瞻性、统筹性决策和局限性决策之间的关系，不是谁对谁错的关系，因此需要相互沟通、相互尊重 尊重领导的指导，便于设备管家将自己本部门的管理决策提升到一定的高度，能够结合企业的发展需要，统筹兼顾决策的科学性。如某水泥熟料制造企业，根据市场大环境协同停产的要求，决定在下月初安排停产，因此对设备管家本月的停产检修计划需要进行调整至下月协同停产一并处理，这样可减少停产的次数和因此产生的经济费用，要求设备管家对存在的设备隐患继续进行监控或调整处理，以确保与协同停产计划同步处理设备隐患 因此，企业的"领导"要动员全体员工参与设备管家体系的各项活动来实现企业的经营总目标，企业的设备管家要了解企业的意图，充分尊重领导、依靠领导，应争取领导的指导和支持，努力做好设备管家岗位的工作

第二章 设备管家体系的八项原则

(续)

类别	内容
确定维修策略的成本是降低成本管理的根本的原则	任何企业的竞争主要表现在成本和服务上。成本和服务是企业一切管理工作的立足点，因此，成本管理是设备管家必须要思考的工作，也是在进行设备决策管理中要求权衡的必不可少的条件。设备管家通过确定维修策略的成本来达到降低成本管理的根本原则的要求 通常情况是，维修作业是点检作业结果工作的后续，确定维修策略时，考虑企业的成本是第一要素，而不是重要的要素或唯一的要素，把降低企业的成本看作是设备管家管理设备的神圣职责。通过设备管家日常对设备的状态监测，根据状态的变化，实施超前管理功能，这样就能避免设备发生突发事故导致停产，引起不必要的经济成本的上升。大力提倡"自主维护"与状态维修相结合，同时要避免维修决策的失误导致经济成本上升，以及增加费用的发生。其中，对设备"跑、冒、滴、漏"的治理是企业截流和降低成本的有效途径。设备管家不应轻视对设备"跑、冒、滴、漏"的治理工作。日常对设备确立维修决策时，对设备"跑、冒、滴、漏"的治理要放在维修决策的范围内 设备管家只有通过不断组织调研，才能提高作业效率；只有通过不断地总结、分析，才能做出科学的管理决策。任何决策的制订和落实，都要从企业的管理大局出发，并在行动上不遗余力地节约支出，避免浪费，以达到节能降耗、节约成本、清洁文明制造、降本增效的目的，为取得低成本、高效率的结果而努力

表 2-2 中的四项基本原则是企业要求设备管家必须遵循的原则和要求。

第二节 设备管家管理设备的四项工作原则

设备管家对设备的日常管理过程和对自己的工作要求要满足企业的需要，可通过四项工作原则来指导自己的工作目标和方向。设备管家管理设备的四项工作原则见表 2-3。

表 2-3 设备管家管理设备的四项工作原则

类别	内容
树立"持续改进"的管理理念	设备管家要树立持续改进的管理理念。任何管理体系或制度内容都随着管理目标的变化而不断变化 企业管理跟随市场的变化而改变，企业管理的改变也推动设备管家管理理念的改变，设备管家管理理念的改变也促进企业管理的改变 持续改进是永无止境的改进过程，是一个持续追求管理超越的过程，是一个不断追求管理进步的过程。它强调了企业的管理体系、过程和产品的不断完善和改进，以及为满足产品市场和服务市场的需要不断提升自身管理的过程 企业里设备管家追求对设备管理理念的创新和应用，通过不断地对基础数据的积累、统计、分析、总结等，善于从基础数据中发现设备管理的规律和存在的不足。对于形成的规律，应进行优化和固化。对存在的不足，应通过持续不断地改善，不断记录、汇总、分析、总结和逐步改进提高 因此，持续改进是一个永恒的循环活动。形成持续改进的管理理念可以促进企业管理体系运行效率的提高，也可以促进员工自主管理、维修质量攻关活动等能力的增长，以此来不断推进整个设备管理体系和设备维护过程的改进，不断探索改进机会，从而增强企业的竞争能力

(续)

类别	内容
按科学、系统的过程方法实施管理	设备管家在日常工作中要学会运用过程管理的方法，即PDCA（计划、执行、检查、处置）和5Y-3W-2H分析方法（即5Y——连续问5个为什么，3W——什么人、什么时候、什么地点，2H——怎样改进、需要哪些资源） 企业要把做好每一件事视为一个系统的过程，为提高结果的有效性，必须系统地认清、识别和管理这些过程及过程之间的相互关系和作用。在管理项目的全过程中采用PDCA的方法，称之为过程方法，即要在做好每件事之前要做好工作计划或策划（planing）；如何做：按事先计划好或策划好的方案去执行（do）；按既定目标不断检查（check）；对照存在的不足，好的方面保持继续，不足的方面进行不断地总结、分析、改善和处置（action）。持续改进工作的PDCA循环方法，使过程永远处于动态的受控状态，实现了对过程进行识别和管控的目的 5Y-3W-2H分析方法：5Y就是5WHY的缩写，意思就是针对出现的问题连续提出5个为什么？3W是英文Who、When、Where的缩写，意思就是描述问题是什么人在什么时间和什么地点发生的。2H是英文的How、How much的缩写，意思是怎样进行改进以及需要哪些资源。以上总称为5Y-3W-2H分析方法，它可以快速找到问题出现的具体原因，从而采取相应的措施，为设备管家分析、解决问题提供决策依据 过程管理主要是指设备管家应按照PDCA的要求，即在日常的设备管理活动中，工作安排要有计划，有计划的工作必要要去执行，在执行过程中或执行后要对计划的内容和工作要求进行检查，在检查中发现问题或存在的困难要及时处置，这样管理工作就可形成一个闭环 设备管家在过程管理中遇到困难要使用分析管理法，即5Y-3W-2H分析方法。例如，在计划安排工作中，设备管家成员对工作计划执行不了，或通过检查发现执行偏差很大不能满足工作的需要。此时要对出现的问题使用5Y——如计划不合理，就要回答计划不合理的5个具体原因，是计划项目列多了，超出了维修人员的能力范围，还是维修人员的技术能力不具备处理这个计划所具备的条件等；3W——需要什么人、在什么时间和什么地点内解决计划的合理性问题；2H——怎么去做（是重新计划，还是把原有的计划进行优化等）以及做多少等问题，从而使改善维修作业计划的合理性问题迎刃而解 设备管家要学会运用科学的管理方法分析工作中存在的困难，对待困难要直面去解决而不能选择逃避；正面揭示问题存在的根本原因并进行分析，从而从容地在规定的时间和地点内解决问题。科学的管理方法可提高设备管家提出问题、分析问题和解决问题的能力，同时也使得日常工作计划的条理清楚，从而将计划、实施、检查和处置形成一个完整的工作闭环
全员参与是设备管家管理的基础	要充分调动人员的积极性，企业要发扬群众路线的优良传统，动员并发挥广大员工的潜力是管理的法宝 作业过程的各级人员是企业之本，是企业活动的主体，也是管理活动的客体。全员参与是企业良好运作的群众基础，当员工的才干得到充分的发挥并能实现创新和持续改进时，企业将会获得最大的收益 在全员参与的管理结构中，作为基层的设备管家的构成人员，即设备操作人员、专职点检人员和工程技术人员是设备管家制的核心单元，是基层设备管理权和执行权的基础。劳动创造了社会，并推动社会不断向前发展。企业的设备管家通过集体的劳动创造，共同对设备进行日常的点检、润滑、维护、维修等实施管理的过程，及时准确地发现和处置设备存在的隐患，确保设备的完好，为企业作业出质优价廉的产品，以满足市场的需要，提高企业的竞争能力。因此，在实施设备管家制的企业里，"设备管家管理设备"是通过企业内部各职能各层次的人员参与"三位一体"并支持设备管理全过程来实施的，设备管理过程的有效性取决于各级人员的"全员管理"意识、能力和主动精神的发挥。随着市场竞争的加剧，全员主动地参与企业的设备管理显得尤为重要

(续)

类　别	内　容
维护好四方的和谐关系	设备作业操作方是提供设备运行状态的关键。随着企业产品的发展，产品作业线设备的综合效率如何提高 设备技术方是专职点检的技术顾问。随着设备的升级，关键设备上状态控制点的疑难问题如何解决 设备检修方是解决设备故障、恢复性能的专家。随着作业条件的繁重，检修方如何提高客户满意度 作为设备管家中的专职点检人员，在工作时离不开其他三方的支持与合作。因此，他们之间是相互依存的一个整体，只有与其他三方取得良好的交流和合作，建立一种双赢关系，维护好对本企业与设备管家管理设备的双赢关系，才能增强各方面创造价值的能力

通过企业设备管家八项原则的应用，要实现的目的是：为企业的产品和用户服务；决策科学；尊重领导的指导；树立"持续改进"的管理理念；按科学系统的过程方法实施管理；全员参与，达到和谐共赢。

第三章
设备管家体系的基础架构

本章主要学习设备管家体系基础构架的基本知识，提要见表3-1。

表3-1 第三章提要

设备管家的人员构成、作用以及成长途径。设备管家"H"阶段计划的定义和定位。设备管家应初步了解企业的相关基础知识，设备在企业里的分类和作用，设备树的构成与分解，最小维修单元等。信息技术（EAM、ERP、MRO等）在设备管理上的应用，要求设备管家了解设备编码及其作用等

这些内容是设备管家必须掌握和了解的。学好本章内容，可使设备管家在今后日常的设备管理活动中能够及时把握设备管理的重点和难点，避免在管理中走弯路，保障设备运行通畅，源源不断地为企业提供质优价廉的产品，是企业产品提高市场竞争力的动力源泉。此外，学好本章内容，对于今后"M、R、O"阶段内容的学习和理解也具有重要的理论基础作用。

第一节 设备管家的组成、分工和管理

一、企业领导对设备管理的领导责任

企业领导对设备管理负有领导责任，可帮助和支持建立设备管家体系。企业领导对设备管理的领导责任见表3-2。

表3-2 企业领导对设备管理的领导责任

序号	内容
1	企业领导应重视设备管理工作，成立基层的设备管家机构的作用是将设备管理重心下移，还应重视设备安全和节能减排工作，切实提高设备的综合效率
2	企业领导将设备管理重心下移后，将设备管理繁琐的工作交给现场由基层管理，这样才能腾出更多的时间为产品开拓市场，提升产品的价值和企业的盈利水平
3	企业领导应深刻理解以下理念，并保证传达至全员：建立"三位一体"的基层设备管理机构，是顺应当今企业管理发展的方向，是激发基层设备管理人员的动力和活力，以及提高其工作积极性和职责的要求，同时也是提升设备管理的水平和提高设备管理工作效率的平台

二、"三位一体"基层设备管家的组成与功能

1. "三位一体"基层设备管家的组成

现代化的先进企业需要高素质的工人，需要设备操作人员、专职设备点检人员和必要的工程技术人员。这三类人员都与设备的"生、老、修、养"直接息息相关，是最贴近设备并对设备知根知底的人，是保障设备正常运行的管家，即称为设备管家。同时，构成设备管家的人员，要有高度的责任心和专业素质要求，还要有不怕苦、不怕累、不怕脏的敬业精神。

因此，企业的基层设备管理机构主要由设备操作人员、专职设备点检人员和工程技术人员构成。图 3-1 所示为单产品生产线设备管家的构成。图 3-2 所示为多产品作业线设备管家的构成。图 3-3 所示为多产品作业线连续工艺设备管家的构成。

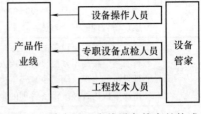

图 3-1　单产品生产线设备管家的构成

图 3-2　多产品作业线设备管家的构成

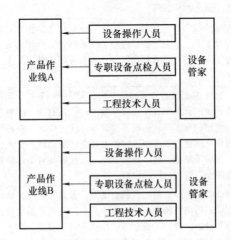

图 3-3　多产品作业线连续工艺设备管家的构成

2. "三位一体"基层设备管家的功能

建立"三位一体"的基层设备管家，主要是明确设备操作人员、专职设备点检人员以及工程技术人员的职责。同时，这种组织结构简单、效率高，对设备的日常维护非常实用。设备管家制是一种能够被广泛使用的设备管理的实践方法。设备管家的功能和特点见表3-3。

表3-3 设备管家的功能和特点

功能	特点
结构简单	"三位一体"设备管家的构成人员主要是设备操作人员、专职设备点检人员和工程技术人员，没有增加额外的机构和人员编制，因此其结构简单，使用灵活多变，没有增加企业的管理成本。同时，把设备的使用方、设备的维护方和设备的维修方有机结合在一起，构成设备管理的一个整体
管放分离	企业决策层将设备的日常点检、润滑、维护、使用、维修等下放给基层设备管理机构进行管理，提高了基层设备管理人员的责任心和工作的积极性，提高了设备管家成员自主管理设备的水平，同时也减轻了决策层繁琐的日常管理工作，但关乎设备重大的决策权仍交由决策机构管理。设备管理的重心下移，体现了"责、权、效、利"的统一
分工明确	在"三位一体"的设备管家体系中，首先要明确对设备操作人员、专职设备点检人员和工程技术人员的分工。这里的分工是指对分管区域的设备分工、对设备管理的职责分工以及设备管理组成人员的分工，明确"在什么时间、什么地点、由谁去做什么"的问题
职责分明	要求设备操作人员、专职设备点检人员和工程技术人员根据分工认真落实怎么做才能做好的问题。如果做不好会怎样，应该承担什么样的责任；如果干好会怎样？要求对管家体系的构成人员进行"定标和定责"的管理
团结一心	要求"三位一体"的基层设备管理机构，即设备管家队伍构成人员之间，对设备管理的思想和目标保持一致、绩效考核的指标一致、职责要求一致，树立团队的整体意识；既有分工的关系，也有合作和责任的统一
目标一致	对设备管理的目标要求统一，并得到大家的认可和为之实施的愿望。目标越量化，越便于管理。确定目标一致一方面可避免工作中各自为政，避免意见分歧导致过程效率低下，另一方面是便于绩效的考核统筹
两专互补	两专是指"专业点检和专业维修"。互补是指专业点检和专业维修各自发挥优势、齐头并进，共同做好设备的点检、维护和维修工作。即设备操作人员、专职设备点检人员和工程技术人员的专业点检与专业维修相结合，充分发挥优势、集中力量互补，做好设备管理的基础工作
保障有力	要求"三位一体"基层设备管家的每个构成人员把"管好、用好、修好"设备当作自己的事，还应建立相关的管理制度，并确保制度的执行有效。同时要求设备管家的构成人员日常加强对设备的培训和实训，提高驾驭设备的能力要求，按精细化和标准化的要求落实工作任务，按程序化的管理要求协调内部人员之间的沟通与交流，对设备的反映信息要敏感，不可凭经验随意下结论，要以数据为准。只有提高对工作的责任心和对管理制度的敬畏之心，才能保障设备管理目标的实现
绩效统筹	将一个时期的设备管理绩效与工资薪金统筹，强调时效性，认可设备管家对设备管理的成绩，同时也要明确指出设备管家在工作中存在的不足，通过绩效的评定，引导设备管家管理设备的方向和动力，以"考核公正、坦承公开、奖罚分明、量化细化管理"的原则着重将绩效与相关人员统筹在一起考核落实，突出重点

(续)

功能	特点
效高增利	通过建立"三位一体"的基层设备管理机构，使设备管家的构成人员工作效率提高了，设备管理过程的效率提高了，设备作业效率提高了，设备管家的管理绩效提高了，工作成绩得到了认可和尊重；更重要的是企业的产品作业线制造效率提高了，减少了停产维修带来的直接损失，降低了合同违约的风险，为增加企业的盈利能力提供了基础保障作用

三、设备管家的工作流程与步骤

我国企业对设备管理组织机构随设备对产品的保障作用的加强而改善。其中主要的特点是：设备管理组织机构从无到有、设备管理的职能从弱到强、设备管理的方式由修变管、设备管理制度从综合走向专业、设备管理的绩效从无到有、设备管理人员趋向于专业化的管理方向等。因此，企业设备管理的重心首先是从无到有的建立过程，然后是从上到下的发展过程。

在企业里设备管理的组织机构通常由设备部（处）等机构承担企业的设备管理职能，即设备资产管理和现场管理。这种设备管理体制导致使用设备的产品作业部门管产品作业而不管设备，设备部（处）管设备而不管产品作业，这样在企业设备管理中存在"管"和"用"分离的现象。这种设备管理重心在上的现象，导致设备操作人员对设备管理没有责任心和约束力，也是导致产生设备故障根源的主要人为原因。同时，作为设备管理部门的工程技术人员，由于脱离深入现场对设备进行点检和检查，导致对设备管理有一种力不从心的感觉。企业通过多年设备管理实践的分析与总结，从而建立了将设备操作人员、专职设备点检人员及工程技术人员集于一体的设备管理新思路，即设备管家。企业将设备管理的重心下移，即把设备的现场管理职能下移。

在企业设备管理实务的实践中，由"三位一体"的基层设备管理机构即设备管家来负责落实，实现"专职点检管家 + 专业维修检修"的新模式，通过两大团队的有效融合，把两者有机地结合起来。以产品为中心来推广设备保障实务，有利于企业设备管理方式的直观理解和具体实施。

1) 主要产品作业线设备能为企业的产品服务，形成"三位一体"的基层设备管理机构，具有日常维护、预知状态和超前管理的保障功能和组织专业维修队伍，以完成设备维修工作。

2) 企业负责人要重视设备管理，要关心的是"停产"而不是"停机"，尽量减少停产时间而不是停机时间，力争做到"设备停产时间可控"等。

3) 企业生产产品经营活动以全面完成作业计划、设备的安全运行和节能减排达标为前提，企业设备的能耗和污染物排放要达到国家或行业规定的标准，这表明企业设备管理首要完成产品，同时才是节能降耗，没有实施产品作业设备的企业才是最大的能耗企业。

"三位一体"点检管家模式的核心是两个"专",即专职维护和专业修复。其中,"专职维护"就是以专职点检人员、岗位操作工的组合,实施对作业设备的维护、保养以及查找隐患和故障;"专业修复"是指通过专业的维修人员对设备进行专业检修和功能恢复。

当设备遇到疑难杂症时,可进一步通过工程技术人员的"精密点检"来解决。由点检管家领导下的三方点检构成"三位一体"的维护主体,解决了过去检和修分开而造成的相互扯皮问题,通过点检管家统一管理,形成三方分工合理、责任明确的一个三方利益关系。同时,考核时也将这三方作为一个整体来考核,进而形成利益共同体。在具体实施过程中,"三位一体"中的每个角色要求对每台设备的运行状态一定要摸清吃透,包括对每台设备的执行部位、传动部位、动力部位、仪表、润滑点以及磨损、耗损、污损等部位要胸有成竹。

只有全面明确"人机一体",才能把设备有效地管理好。设备管理的关键或点检管家管理强调的是在运行的前端(即维护、保养、润滑和查找隐患)而不是在事态的后端(即停产、抢修、备件和事故)。通过"三位一体"的基层设备管理机构的成功实践,可最大限度地减少突发事故的发生,实现设备运行成本和备件库存量、备件更换成本的全面降低。

企业设备管家的工作流程和步骤如图3-4所示。

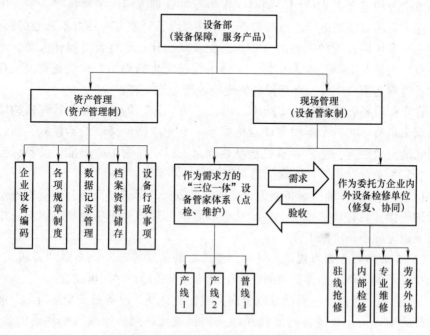

图3-4 企业设备管家的工作流程和步骤

四、以"点检为核心"的设备管理（装备保障）分工

建立以"点检为核心"的设备管家体系和检修体系的分工，明确设备操作人员、设备管家和工程技术人员以及设备检修人员的点检层次分工和内容。企业"两系四方"以点检为核心的管理分工见表3-4。

表3-4 企业"两系四方"以点检为核心的管理分工

作业分类	设备管家维修、维护的内容	设备管家体系及检修体系的分工				
		设备管家的设备操作人员	设备管家体系的专职点检人员	设备管家体系的工程技术人员	设备检修体系	
					检修人员	值班巡检
日常维护	准确操作	√				
	调整	√				
	清扫	▲	√			√
	加润滑油（脂）	▲	√			√
	紧固	▲	√		√	
	简单维修	√	√		√	▲
	点检隐患报告	▲			√	
定期维护	定期点检					
	短周期点检		√			
	长周期点检					
	精密点检			▲		
	倾向检查管理		√	▲		
	计划检修					
	日停产（定修）	√			▲	√
	长停产（年修）				▲	√
	不停产（日修）				√	
	非计划检修					
事后维修	急修				▲	√
	抢修				√	▲
改良维修		√	▲	√		√

注："√"表示日常工作，"▲"表示需要重点关注的工作。

五、设备管家的管理目标及绩效指标

企业首先要确定一个总体的年度目标经营计划，拟定具体的管理目标，如产值、利润等。为了达到这些目标需要采取一些措施和手段才能保证目标任务的顺利实现，如产值和利润目标需要通过企业销售产品或服务来实现，产品需要通过设备的制作加工来改变原材料的物理化学过程来实现。设备只有有效运

行才能保障企业产品作业的顺利进行，还需要设备具有良好的运转率来保证产品的可靠制造。

因此，企业需要对设备采取一系列的管理手段和方法来确保设备的正常运行和产品作业有序制造。保障设备运行是设备管理的首要职责。这不仅是设备维修人员对设备维修的问题，还涉及设备操作人员对设备的正确规范操作以及日常的设备维护保养问题。设备管家绩效评价见表3-5。

表3-5 设备管家绩效评价

序 号	项 目	目 标 值	实 际 值	权 重	得 分	合 计
1	产量					
2	质量					
3	停机次数					
4	机物耗					
5	运转率					
6	能耗					
7	主机运转率					
8	油耗					
9	……					

第二节 "零"故障的设备管家体系

应用精益管理的理念，维护好并保持设备的性能，减少设备突发故障的发生，降低维修费用，提高企业的产品作业率和经济效益，可提升企业价值的最大化。在企业设备管理中，对"零"故障的追求是一种长期不懈的目标。

一、设定设备精益"零"故障管理目标

设备管家对设备"零"故障的管理，要求要对设备的整个生命周期阶段有充分的认识，涵盖技术和经济寿命。"零"故障管理要求见表3-6。

表3-6 "零"故障管理要求

序 号	类 别	要 求
1	设计合理	结构简单、使用维修方便、节能降耗以及安全
2	安装规范	根据要求安装
3	正确使用	严防"五超"行为，即"超流""超速""超压""超温""超振"
4	管理到位	检查到位
		维护到位
		维修到位
		倾向跟踪到位

二、设备有（失）效标准应用

在日常设备管理工作中，设备管家如何来判断设备有效或失效，从而准确把握设备好与坏的分界线。设备有（失）效标准应用判断见表3-7。

表3-7 设备有（失）效标准应用判断

序号	内容	
1	对产品有无影响	质量、品种、规格、成本、精度、效率
2	设备运行参数是否超过规定的参数值	功率、速度、压力、振动、流量、噪声、温度等
3	有无威胁人身安全或影响设备主要零部件的隐患缺陷	
4	对设备有重要影响的外部工作条件是否正常	
5	主要能耗和环保以及费用指标是否超过规定值	
6	主要零部件的磨损是否超过规定值	
7	设备主要零部件的使用寿命是否在缩短	

三、设备劣化管理规律

1. 设备的劣化过程

经过我国设备人多年对设备故障的研究发现，设备的故障起始于设备的部件劣化。对设备劣化的原因进行分析和处置，可有效防范设备故障的发生。

由于各个企业对设备的认识和管理方法不同，在内部管理粗放型的企业，设备的运行管理现状往往呈现由全自动→部分自动→手动→不动的故障历程。设备的劣化过程见表3-8。

表3-8 设备的劣化过程

序号	劣化过程
1	企业刚投产运行时，所使用的设备是全线联动作业
2	经过一段时间后出现部分小故障，但不影响生产线的运行，往往忽视了对其进行及时维护管理，并使其恢复原有的自动状态。这样部分存在隐患的设备由全自动状态转为部分自动状态运行
3	再经过一段时间后，设备带隐患的部位仍然没有得到及时有效的恢复处理，继续丧失原有部分自动的状态，但能维持现状生产。这样设备由部分自动状态转为人工手动操作的状态
4	最后，由于隐患部件得不到修复，已经不能维系正常的人工操作状态，也不能再维持生产了。这样设备转为瘫痪不动的状态（设备故障形成）

2. 设备的劣化管理

设备本体故障通常表现在精度、效率、性能和完好性失效等方面。对设备维护或维修的内容主要是恢复设备原有的状态性能。设备的"四恢复"见表3-9。

表3-9 设备的"四恢复"

序号	内容
1	恢复设备的完整
2	恢复设备的精度
3	恢复设备的系统功能
4	恢复设备的总体性能

因此,通过表3-9中设备故障发生的内容及表现形式,要求设备管家要关注设备日常的状态和保持设备原有的状态。设备的"四保持"见表3-10。

表3-10 设备的"四保持"

序号	内容
1	保持设备的完整
2	保持设备的精度
3	保持设备的系统功能
4	保持设备的总体性能

3. 设备劣化曲线的绘制

根据设备劣化过程的数理统计,按一定的规律绘制劣化曲线,是准确把握设备故障规律和处置故障发生的主要方法。设备的劣化曲线如图3-5所示。

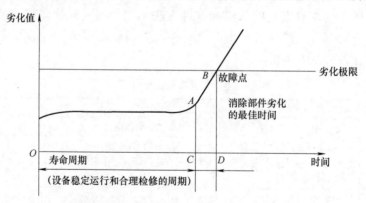

A点:劣化倾向加剧的转折点。
B点:劣化曲线和劣化极限的交点,即设备发生故障的点。
C点:设备从投入运行开始到达A点的时间。
D点:设备从投入运行开始到达B点的时间。

图3-5 设备的劣化曲线

由部件的劣化值-时间曲线中可以看出,OC阶段是设备部件的寿命周期,即设备稳定运行和合理检修的周期;CD阶段是消除设备部件劣化的最佳时间。

4. 设备劣化的形式和分类

设备劣化的形式和分类有多种。按照表3-11，劣化的表现形式可分为有形劣化和无形劣化；按照表3-12，劣化可分为性能低下型劣化和突发故障型劣化；按照表3-13，设备劣化的因素可分为人为劣化和非人为劣化。设备劣化的主要表现形式见表3-14。

表3-11　有形劣化和无形劣化

类别	特　点	分　类	内　容
设备的有形劣化	有形劣化看得见、摸得着，可用仪表、仪器测量和测试出来。有形劣化通常是由物质磨损或材料性质变化而引起的	（1）设备的使用劣化 设备的使用劣化是指设备在使用过程中，出现操作不当、在外力作用下受到机械碰撞、摩擦、介质的侵蚀等原因，造成设备的损坏、腐蚀、疲劳、剥落等情况。其通常表现为零部件原始尺寸或形状发生变化、公差配合精度的降低、效率下降、绝缘能力降低、电器仪表等开关的接触不良、阀门泄漏量的增加；或者是零部件损坏、失效、松弛、电气的绝缘损坏、断路和短路等，引起设备故障停机。前者称为性能低下型劣化，后者则称为突发故障型劣化	1）在同一台设备上，有时会同时出现上述两种劣化形式。例如，风机类、减速器、水泵和其他旋转机械设备，在性能逐渐降低（性能低下型劣化）的同时，还有可能因断轴等突发故障（突发故障型劣化）而引起停机。在管道系统及承压容器等设备中，在受外力或内压过大引起破裂、穿孔等造成停机，可称为突发故障型劣化。然而在这些设备中，因介质或异物的沉积而造成管道内径变细，容器的容积变小，使设备的性能下降，在定期清除沉积物和异物后，可恢复其原有功能，这种劣化就属于性能低下型劣化 2）有形劣化的含义及实例。性能降低型设备在使用过程中，产量、质量、工作效率、精度等性能以及电力、蒸汽等效率逐渐降低。空气分离设备、清洁泵、电解槽等突发故障型设备在使用过程中性能降低不多，主要是部分零件损坏、失效等使设备停止工作，但经过对磨损的零件更换后即可恢复功能，如机械断轴、电力断线、承压容器损坏等
		（2）设备的自然劣化 这种劣化不管设备是否在运转都会发生，包括闲置在仓库内的设备和备件	设备的自然劣化是指因自然力的作用所造成的设备劣化。例如机器的生锈、金属的腐蚀、木制品的腐朽、塑料橡胶制品的老化等，大多是因自然力的作用所造成的 某些设备在处于闲置状态时反而会加速劣化，例如不经常使用和不注意维护的电子设备往往比经常使用的电子设备容易出现故障
		（3）设备的灾害性劣化	设备的灾害劣化是指设备在受到不可抗拒的自然灾害（如风灾、暴雨、水灾、雷击、地震等）或意外灾害的侵袭时所造成的劣化。所谓意外灾害，除火灾外还包括因其他设备故障而造成对该设备的影响，如由于管道等破裂、泄漏造成设备的浸水、腐蚀气体的侵蚀等

(续)

类别	特点	分类	内容
设备的无形劣化	无形劣化是指由于技术进步，出现了性能更好、效率更高的设备，从而使原有设备被淘汰，这种情况称为设备的无形劣化	（1）技术劣化（性能劣化）	技术劣化（性能劣化）是指由于技术进步，出现了性能更好的设备（环保、节能、生产效率高），使原设备被淘汰
		（2）绝对劣化（老化）	设备的绝对劣化（老化）是指设备由于物理、化学的作用，使它与新设备相比，技术性能日趋下降
		（3）相对劣化（陈旧劣化）	相对劣化（陈旧劣化）是指设备使用周期较长、部件老化、故障率高、效率低、难修复，以及设备在性能上表现为精度低、效率低以及成本费用高，从而导致使用不划算
		（4）经济劣化	经济劣化是指设备生产出产品在经济费用上要高于新设备，在使用的费用上不经济而被淘汰

表3-12 性能低下型劣化与突发故障型劣化

类别	内容
性能低下型劣化	性能低下型劣化是指设备在生产过程中性能、精度、效率随时间的延长逐渐下降，如风机、泵类设备
突发故障型劣化	突发故障型劣化是指设备在生产运转中性能的降低并不显著，但因零部件突然损坏造成设备突发故障停机，如传动带、齿轮类设备

表3-13 人为劣化和非人为劣化

类别	内容
人为劣化	管理不到位或疏于管理，操作、使用或维护不当等
非人为劣化	自然劣化，如腐蚀、疲劳、磨损、断裂、变形等

表3-14 设备劣化的主要表现形式

序号	表现形式
1	振动、发热等机械类摩擦、磨损
2	没有按要求实施紧固造成的松动
3	裂纹扩展、塑性断裂和脆性断裂
4	腐蚀、变质、电化学等性质变坏
5	裂变、参合、蠕变等物理性质变坏
6	元器件、绝缘材料出现老化等现象

第三章 设备管家体系的基础架构

设备劣化的产生原因见表 3-15。

表 3-15 设备劣化的产生原因

序号	类别	内容	案例	备注
1	操作不当	人为地对设备操作不当,会造成设备的损坏或失效,或是加快设备劣化的速度	—	—
2	润滑不良	对于处在正常运转状态下的设备来说,转动、滑动部位的劣化,如异常磨损、缺陷,甚至损坏等情况的发生,多数是由于润滑不当,即给油脂不良所造成的。由于给油(脂)作业一般不需要特别的技术,大多是一种单纯的重复性工作,因此往往很容易被忽视	工作中经常碰到一旦让设备的某个需要润滑的部件断油或给油不良,则将加速设备的劣化,甚至引发重大事故;通常对某些设备的某些固定部位涂上润滑油脂,可以防止金属件生锈、污染和被腐蚀,特别是闲置设备	—
3	灰尘和油质污染	灰尘能加速油质恶化,使设备的机械磨损量增大,也可能造成阀门阻塞、操作失灵、金属表面粗糙度值增加、产品表面出现疵点等	通常遇到在对设备部件进行机械装配时,紧固处混入灰尘会引起松弛;配合处混入灰尘会引起配合不佳;轴承内夹杂灰尘会引起轴承的异常磨损。在电气仪表设备中,灰尘将引起开关、接触器、继电器等的接触不良,设备绝缘性能下降;接插件接触不良会造成控制失效,严重时甚至酿成重大设备事故	灰尘往往是从很小的缝隙混入并逐步沉降堆积起来的;在设备点检或日常维护时,需要采取勤清理、勤清扫等防尘对策;维修时要注意文明施工和落实防尘措施
4	螺栓松动	螺栓松动会使所受的应力发生变化,是导致机件损坏甚至产生设备事故的原因之一,也是加速设备劣化的重要原因	—	点检并及时发现松动的螺栓,及时加以紧固;在设备维修后,应定期定人安排加强紧固和检查

（续）

序号	类别	内容	案例	备注
5	受热、发热	生产过程中被消耗的能量中的一部分会转变成热能，往往会带来加速设备劣化的恶果。特别是对电气、仪表、计算机等电子设备，不但要注意防止外界热源的干扰，而且要注意这些设备工作时本身会发热。温升是影响电子设备稳定工作的主要因素之一，过高的温升会引起电子元件的性能下降，绝缘体老化，甚至烧坏元器件或绝缘件	—	对于无用热量的积聚点，要采取适当的监控和措施进行散热；对有用热源，则要采取有效的隔热措施，将它与其他设备隔离，将热源对其他设备的影响程度降到最低
6	潮湿、侵染	对电气装置、电子设备、润滑装置等设备，应特别注意防潮，因为潮湿会加剧腐蚀，并使绝缘材料性能下降。在湿度大的环境里，散热受到阻碍，会加速润滑剂的性状劣化，金属件也容易生锈和被腐蚀	—	潮湿及湿度大的场所要采取可能的防潮、通风措施，还必须加强设备的日常维护
7	保温不良	对某些设备而言，在寒冷的冬季也要求保持一定的温度。例如，从润滑油的特性来看，温度过低会造成润滑油的黏度增大，流动性变差，因而会造成被润滑设备的润滑不良，对集中循环润滑系统尤其如此。润滑系统一旦发生冻结，轻则系统不能工作，重则会导致管道破裂、仪表损坏	—	对户外的设备，冬季必须注意防冻，如液体管道、阀门、水泵，以及测定流量、压力的变送器等仪表设备，防冻工作尤为重要
8	金属腐蚀	设备金属机件在环境介质（如水、空气、酸、碱、盐溶液及其他腐蚀性气体等）的作用下，发生损坏的过程，称为金属腐蚀。金属腐蚀在工业企业里十分普遍，要从改进机件的原材料入手并采用新工艺、新材料，同时对易产生腐蚀的部位应加强点检力度，早期发现，及时消除劣化	—	金属腐蚀有其本身的特点： 1）从金属表面开始，逐渐向内部渗透和扩展； 2）金属表面发生变化，如产生剥落、斑点、凹痕或黏附其他的金属化合物，从而造成金属机件的强度降低

(续)

序号	类别	内容	案例	备注
9	机械磨损	机械磨损是设备中做相对运动的机件的主要劣化表现形式。凡是机件之间存在滑动摩擦或滚动摩擦的部分都存在这种磨损,且有一个逐步发展的过程,所以这种磨损是有规律的	—	这是最主要的劣化原因,这种劣化有规律可循,它有一个发展过程,在加强点检管理的基础上,可以早期发现。减少设备由于机械磨损而产生劣化的主要措施是正确操作、加强维护(尤其是润滑),找到规律后则可定期更换易损零部件或采用新工艺和新材料以改善磨损。对易磨损的部位要认真执行点检标准,早期发现设备隐患
10	金属组织和性质变化、蠕变、高温腐蚀	这些在大部分重工业行业中是常见的金属劣化表现形式,因此要从加强金属监督入手,把有关监督内容与点检管理整合,按规定进行"精密点检"。通过点检的优化管理,早期预防金属劣化的发生	—	—
11	疲劳裂纹	裂纹是设备工作机件在动载荷的长期作用下,或在不正常外力的作用下,所产生的一种劣化的表现形式,是机件疲劳的一种反映	—	在水泥熟料作业线设备中的高温、高压部件极易产生疲劳裂纹。裂纹是机械疲劳的信号,应采取必要措施及早处理。为防止和减少疲劳裂纹的产生,应注意下列几点: 1)减少结构设计上应力集中的影响 2)要避免金属加工上应力集中的影响 3)减小设备操作上的应力,避免机械超载运行、冲击负荷、不均匀受热和加热(冷却)速度过快等

(续)

序号	类别	内容	案例	备注
12	塑性断裂和脆性断裂	这也是设备机件常见的一种劣化表现形式。机件在断裂前，可能先出现塑性变形，然后产生断裂，称为塑性断裂。有时机件没有明显的塑性变形，就产生断裂，这种断裂称为脆性断裂	—	—
13	蠕变	在高温条件下工作的设备机件，如果受到长期外加应力的作用，则随着时间的增加，机件的塑性变形不断增加，这就是蠕变。蠕变会使机件承受负荷的能力下降	—	—
14	绝缘损坏	防止设备的绝缘老化损坏，要从加强包括绝缘监督在内的各项技术监督措施入手，使各项监督与点检管理相整合，把有关技术监督工作与"精密点检"和劣化倾向管理有机结合起来	—	—
15	其他原因	由于制造、基建、安装、基础沉降、设计上的原因等造成的设备易劣化隐患	—	1）橡胶、塑料等制品随时间的增加而发生老化 2）剥蚀等原因使齿轮的齿面局部损坏 3）材料强度不够而造成齿面局部变形或断裂

设备劣化导致的故障形式见表3-16。

表3-16 设备劣化导致的故障形式

序号	类别	内容
1	设备功能下降型故障	在使用过程中产量、质量、精度、效率等性能逐渐降低
2	突发故障	在使用过程中由于零部件的损坏、失效使设备停止工作

机械设备劣化的部位见表3-17。

表 3-17　机械设备劣化的部位

序　号	部　　　　位
1	机件滑动工作部位
2	机械传动工作部位
3	机械旋转工作部位
4	受力支承和连接部位
5	与原材料、灰尘黏附部位
6	受介质腐蚀、黏附部位

四、电气设备劣化的主要表现形式和预防

电气设备跟机械设备一样,具有劣化的规律和形式。电气设备劣化的主要表现形式和预防见表 3-18。

表 3-18　电气设备劣化的主要表现形式和预防

类　别		内　　　容
1. 电气设备劣化的通常表现形式	元器件老化	电气、仪表、计算机设备劣化的主要表现形式,例如电阻发热后变值、线绕电阻断线、电解电容器的漏电或干涸、绝缘的劣化等。这些电子元器件的老化,绝缘强度的下降或丧失,往往会引起设备电气性能和控制精度下降,严重时会造成控制失效,由此可能使被控设备损坏,并可能造成生产的重大损失
	电气、仪表、计算机设备因受潮等原因所引起的短路、断路、烧损等	
2. 电气设备劣化的主要原因	电的作用	
	高温及温度变化的作用	
	机械力的作用	
	潮湿的作用	
	化学的作用	
	宇宙射线的作用	
3. 电气(仪表、计算机)设备的劣化部位	绝缘部位	
	与介质接触、腐蚀的部位	
	受灰尘污染的部位	
	受温度影响的部位	
	受潮气入侵的部位	

五、预防设备劣化及其对策

设备管家对设备劣化的管理过程主要是预防劣化、测定劣化和修复劣化三个方面。预防设备劣化及其对策见表 3-19。

表3-19 预防设备劣化及其对策

类别	内容		特点	备注
预防劣化	日常维护	日常维护是为了预防设备劣化,对设备的正常运行和日常维护都是十分必要的。设备的正常运行主要是指:确保设备操作正确,排除人为因素(如误操作设备、超负荷运行等)所造成的设备异常劣化	良好的日常维护是指整理、整顿、清扫、清洁、更换、给油(脂)、紧固、调整、正确操作、正确维修等	结构设计不合理、零部件材质选用不合适、装配精度差、表面处理不佳等原因都会导致劣化速度加快
	改善维修、维持性能	设备的日常维护是延缓设备劣化的重要手段,包括轴承、齿轮的传动部分、滑动部分的给油(脂)、密封点等,易损零件的简单调换、调整及污损部位的清扫等工作。这些工作大多很简单,不需要高超的技能,但是对延缓设备劣化起着不可忽视的作用,只要持之以恒,必定能获得良好的效果	为延缓设备劣化的速度,改善维修是设法改善设备质量的一项根本性措施: 1)改进设备结构,以提高设备结构的合理性 2)改变零件的材质或加工工艺,以提高零件使用寿命 3)采用高质量的元器件,以提高电子设备、控制系统的可靠性 4)采用适当的表面处理工艺,以提高金属件的耐磨或耐蚀能力 5)改善外部环境条件,以改善设备的环境状况	
测定劣化	测定劣化主要是通过点检检查、良否检查和倾向检查三种方式进行	测定劣化的目的: 1)随着设备运转时间的增加,劣化的加深是不可避免的。应通过劣化的测定,了解劣化的发展趋势,并采用适当的方法控制劣化 2)为了了解和掌握劣化的程度,点检人员在进行"五感"点检之外,还必须运用仪器仪表对设备进行检查(如振动、扭矩、电压、电流、温度),测量系统精度,或者取样后委托专业技术人员进行数据分析等,或者对设备的某些部分进行解体检查,或者对失效部件、故障部位做进一步的分析诊断。在经验、实际数据的基础上,对这些定量检测的结果进行分析研究,掌握设备劣化的程度,进而可以预测判断设备劣化的趋势,预测修理或更换零部件的时间,以便及时做出相应的处理	—	—

（续）

类别	内容	特点	备注
修复劣化	修复劣化的含义主要是为了经济地采用预防设备劣化的对策，应根据设备故障率曲线、使用寿命分布和设备运行情况（通过良否检查、倾向检查、实际测定、运转试验、经验等），掌握设备及其零部件的劣化程度，按维修成本最经济的原则确定维修方法和修理、更换期，然后制订计划、实施维修，这样的维修活动称之为修复劣化。另外，利用新技术改造，把性能低下及失效设备更新为性能良好的新型设备，也可以看作是修复劣化的另一种方式 一是预防预知维修	修理能使设备恢复使用的功能，但是每一次修理后，设备的功能与原有的水平可能会存在一些差距，因此，当设备绝对劣化和相对劣化的进展达到一定的经济限度时，就需要对设备进行更新	—
—	二是事后维修、更新和改造设备	修复劣化作为防止设备劣化时最根本的措施（对策），在设计、制造新设备时，可提高设备的可靠性，其目标是在设备寿命期内不需维修	—

案例 3-1：下面以某水泥企业 2012 年 1 月—2014 年 10 月石灰石取料机刮板链断裂故障为例来说明设备劣化曲线。首先对故障进行统计，见表 3-20。

表 3-20 故障统计

时间	2012年												2013年												2014年									
	1月	2月	3月	4月	5月	6月	7月	8月	9月	10月	11月	12月	1月	2月	3月	4月	5月	6月	7月	8月	9月	10月	11月	12月	1月	2月	3月	4月	5月	6月	7月	8月	9月	10月
次数	0	0	0	0	0	0	0	0	0	0	0	0	0	0	0	0	0	0	0	0	0	0	0	0	0	1	2	2	4	6	8	8	10

从表 3-20 中可以看出，在 2014 年 3 月—10 月期间，设备故障次数在逐渐增多；石灰石取料机刮板链在 2014 年 3 月劣化达到极限后，导致了设备故障的发生。因此对设备劣化趋势的研究对于减少突发故障具有重要的意义，设备管家要注重对设备的倾向管理，要组织对其劣化的检查、测定、统计和分析研究。设备故障次数与时间的关系如图 3-6 所示。

图 3-6 设备故障次数与时间的关系

第三节 设备管家的相关管理工作

设备管家对设备状态的倾向管理是有效防范设备故障或事故发生的重要手段。

一、设备的倾向管理

设备的倾向管理主要是对设备状态发生倾向变化的管理活动。设备倾向管理的含义、意义和内容见表 3-21。

表 3-21 设备倾向管理的含义、意义和内容

类别	说明
含义	为了更加准确地把握设备的劣化倾向程度和减损量的变化趋势，必须观察其故障参数，实施定量的劣化量测定；组织对测定的结果进行数据管理，并对劣化原因进行分析，以控制设备的劣化倾向，从而预知其使用寿命，最经济地进行维修，这样的管理方式称为倾向管理

(续)

类别	说　明
意义	倾向管理是从严格周期修理制度发展为以状态为主的项目修理制度。每个项目虽然也有周期，但仅仅作为参考，主要依据设备状态来确定修理时间和内容，防止过维修和欠维修 点检的精华在于通过对设备的检查诊断，从中发现劣化倾向性的问题，来预测设备零部件的寿命周期，确定检修项目及备件、资材需用计划，提出改善措施，以便"对症下药"，消除劣化，使设备始终处于稳定运行状态
内容	设备劣化可分为性能低下型劣化与突发故障型劣化两类： 性能低下型劣化是设备在生产过程中性能、精度、效率随时间的延长逐渐下降，如风机、泵类设备 突发故障型劣化是设备在生产运转中性能的降低并不显著，但因零部件突然损坏造成设备突发故障停机，如传动带、齿轮类设备

通过检查设备的劣化倾向，分析所得数据的一般劣化趋势，绘制成劣化曲线（见图3-5），进行倾向管理，通过曲线直观地反映设备劣化的程度与趋势，预测修理和更换的周期。

设备的劣化值若在极限值范围内，则不影响设备的正常运转，但一旦劣化值超过极限值就会出现故障，且往往是突发性的故障（事故），所以理想的设备修理应该是安排在劣化曲线将要达到极限值之前的时间范围内。

设备管家实施倾向管理的步骤如图3-7所示。

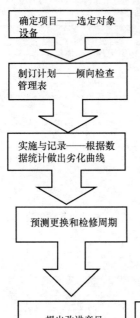

图3-7　设备管家实施倾向管理的步骤

二、设备环境管理标准的应用

1. 设备环境的管理标准

设备现场环境的管理是设备管家日常的一项重要职责,要求设备满足一定的环境标准。设备环境的管理标准见表3-22。

表3-22 设备环境的管理标准

序号	内容
1	"四无",即无垃圾、无积灰、无积水、无油污;"六不漏",即不漏风、不漏料、不漏电、不漏水、不漏油、不漏气
2	根据设备的性能条件和工作要求,分别设有防火、防爆、防冻、防漏等措施,无易燃易爆危险
3	规定行走路线,设置安全警示标志
4	各种设施、管道涂色鲜明且易于识别
5	场地平整、物品堆放整齐

2. 设备区域的环境标准

设备所在的区域也要满足一定的标准,通风、散热、通光、厂房区域等其他环境也要遵循一定的标准等。设备区域的环境标准见表3-23。

表3-23 设备区域的环境标准

序号	内容
1	设备及区域卫生:"四无、六不漏",设备见本漆,地面无浮尘,值班室、门窗玻璃透亮,室内无灰尘、无蜘蛛网
2	绿化带:无杂草、无杂物、无枯草、无败叶、无空留地
3	水沟:无浮叶枯枝、无淤积尘泥杂物
4	"一平二净三见光":地面平整、门窗玻璃干净、墙壁地面干净,沟见底、轴见光、设备见本色

三、资产运行效率的最大化

设备是企业资产的一部分,是企业追求盈利的一种工具。企业资产运行的效率最大化,是企业孜孜不倦追求的目标,见表3-24。

表3-24 资产运行效率的最大化

序号	内容
1	随着我国市场经济的发展,以及企业在国内和国外市场竞争的加剧,企业已步入微利时代,企业的发展主要靠"练内功"进行发展。企业追求的价值最大化是在企业的制造经营活动中力求降低非增值的活动,实现"基础保障"追求企业价值最大化,以"资产运营效率"最大化为目标

第三章 设备管家体系的基础架构

(续)

序 号	内 容
2	资产运营效率的含义是强调投入资本的产出效率,"企业增长模式"要由依赖粗放型的资本投入向提高作业要素质量和利用效率转变。企业资产运营效率的改善,就是实现资本占用、营业收入和盈利增速的逆转。通常在财务上表示资产运营效率的数学表达式是 资产运营效率 = (产出或税后净利润的增速/投入或资本占用的增速) × 100%

第四节 "点检"的后续工作——维修工程

设备维修的目的是恢复设备原有的状态和性能,对设备维修工作的安排是在设备部件出现状态劣化或故障后的一种处置手段,要求设备管家系统人员在日常的工作中要准确地收集设备状态信息的数据并进行分析。

一、设备状态受控点信息的收集与处理程序

设备管家日常工作中,对设备状态信息的收集与处理见表3-25。

表3-25 设备状态信息的收集与处理

序 号	信息收集项目	处 理
1	设备操作人员在日常的设备点检过程发现并记录异常状态(如振动大、噪声大、温度高等)	专职点检人员以及工程技术人员对企业"产品作业线"设备的"状态受控点"运行的信息进行汇总分析;由设备管家对其异常与正常情况再次进行现场核实后,进行分门别类的统计,并对异常的状态编制整改或跟踪防范计划单
2	设备管家对设备状态受控点的参数进行判断	如果属于正常状态,则不需要对其安排检修 如果状态受控点属于异常情况,则对于异常情况的原因要调查和分析清楚;对于状态异常原因清楚的,要着手准备安排计划检修,做好检修前的准备工作和联系设备检修专业队伍;对状态异常原因不清楚的,要提交设备科等专业部门汇总,根据专业部门的意见提出对设备的检修建议,同时联系专业的维修队伍对设备状态的异常进行检修处理
3	设备日常维护保养的"四保持"	"四保持"是指日常对设备的精益管理中要保持设备的完整性、保持设备的精度、保持设备的功能、保持设备的性能
4	对设备状态受控点异常的维修	通过基层设备管理机构人员对设备状态点的点检检查,并对隐患进行记录和小修处理后,设备管家会将剩余的隐患应交由设备维修队伍负责处理,维修队伍根据设备的维修技术标准和维修作业标准对设备进行拆解、组装和调整。因此,维修工程是"点检"的后续工作,主要是组织专业维修队伍,以完成设备维修工作

图3-8所示为设备状态受控点信息的收集与处理程序。

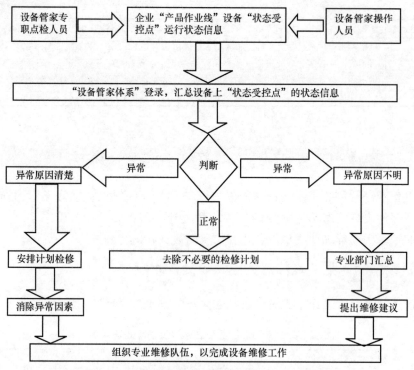

图 3-8 设备状态受控点信息的收集与处理程序

二、设备的维修

设备维修的概念、要求与内容见表 3-26。

表 3-26 设备维修的概念、要求与内容

类 别	内 容
设备维修的概念	设备维修是指设备维修人员根据设备维修技术标准和维修作业标准的要求和内容，结合检修计划，对有隐患的设备进行清洗、拆卸、调整、更换、安装和验收试机的过程
设备维修的要求	1) 通过及时对设备隐患的维修保持设备的完整性 2) 通过及时对设备隐患的维修保持设备的精度 3) 通过及时对设备隐患的维修保持设备的功能 4) 通过及时对设备隐患的维修保持设备的性能
设备维修的内容	设备维修的内容主要是"四恢复"，即恢复设备的完整性、恢复设备的精度、恢复设备的功能、恢复设备的性能

三、设备维修管理的发展方向

设备维修是设备管理的重要环节，随着科技的进步和人员技术能力的提高，

原有的设备维修方式和技术已不在适用。根据国际上设备维修的发展趋势，设备维修管理的发展方向见表3-27。

表3-27 设备维修管理的发展方向

序号	分类	内容	备注
1	当前设备维修管理的现状	根据国际维修研讨会议认为：维修技术、知识和维修人才的短缺已经成为当今世界各国普遍存在的重点问题；要求人们要比以往更加重视对维修知识和知识资产的管理；着重强调管理"以人为本"和"自主管理"的精神，世界各国维修界更加强调员工的自主性发挥、心智模式的建立、团队的学习、愿景的分享以及系统的思考；对维修管理和评价标准的讨论十分活跃，维修管理和评价体系的建立已成为引导企业进步的关键	—
2	维修管理概述	维修管理是指对维修的组织、人才、知识和技术进行一系列规范化、制度化的过程活动。因此，维修管理成功的三要素在于技术、文化、过程中的融合与创新活动，是企业维修成功的关键 维修管理的成功与企业成功的关键一样，都在于技术、文化和过程的融合和创新	—
		维修的管理分类	1）过程为基础的维修 2）以风险为中心的维修 3）以价值为中心的维修 4）精益维修
3	维修经济效益分析与专家系统	维修经济效益分析是实施维修决策的重要工具或方法，也是精准维修重要的参考方法。因此，维修经济效益分析与专家系统是分不开的，专家系统提供维修方案要能与经济效益挂钩，这样可避免维修决策的失误。如对经常性发生的设备故障首要的决策是修还是不修？要在维修费用、购置新机费用以及使用周期之间进行权衡。如果决策维修设备，则要弄清楚维修的经济价值。有些设备因使用过时、性能落后已无修复的价值；有些设备的某个部位频繁出现故障，其原因是设计存在缺陷，此时是联系设备制造商改造还是自己改造都需要做经济效益分析	如某水泥熟料制造线的熟料冷却机系统，在冷却机一段经常出现活动梁与活动框架的连接螺栓发生剪切而导致故障频繁发生。这是由于设备存在设计上的缺陷，通过与设备制造商联系后，设备制造商的技术改造费用要达到近200万元，企业设备管理面临经济上的巨大困难。后来经过企业内部组织专业技术人员多次现场的商议，提出新的技术改造方案，仅花费5万元就解决了问题 由此可见，设备维修的经济效益分析在设备维修管理中是一个重要的工具，而专家系统恰恰能发挥评估维修决策，为改变经济效益提供了智力基础

(续)

序号	分 类	内 容	备 注
4	维修管理与信息化	将设备维修管理与信息化相结合,利用互联网+"设备维修"是企业设备维修管理的一种新模式,它是将设备的维修信息(如修复的部位、资材、工具、时间、人员、安全防范措施、维修的技术标准、维修作业标准等)利用信息化手段进行管理的活动	如设备关键部位轴承座的状态变化、轴承振动要求或标准、轴承的型号和数量、润滑油的型号和数量、库存、更换工具的完好性和数量、工具的储存位置、轴承更换的工艺标准、热装工艺标准或要求、轴承安装的位置公差要求,从设备状态控制点变化开始一直到设备的隐患得到消除,在互联网上都能随时监控整个维修管理过程
5	维修组织构架	企业的维修组织主要根据企业的设备规模、维修人员数量和技能要求、设备的复杂程度、产品作业线结构等实际需要自行组建。因此,当前企业的维修组织主要有集中制维修组织、分散制维修组织和混合制维修组织	—

集中制维修组织的构架如图 3-9 所示。分散制维修组织的构架如图 3-10 所示。混合制维修组织的构架如图 3-11 所示。

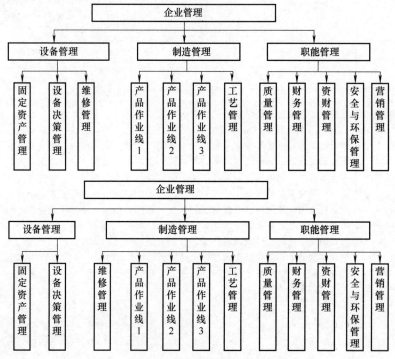

图 3-9 集中制维修组织的构架

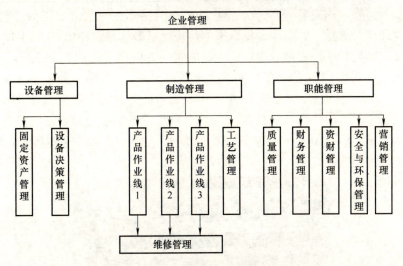

图 3-10　分散制维修组织的构架

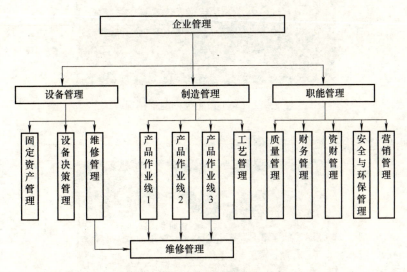

图 3-11　混合制维修组织的构架

四、案例分析

案例 3-2：某水泥公司关于煤磨开式齿轮磨损修复。

某水泥公司熟料分厂煤磨大小齿自 2009 年 9 月 12 日点火生产以来，12 月 29 日左右发现小齿轮轴承座振动较大，联系安装公司进行检查；2010 年 2 月 11 日发函至设备制造公司要求安排技术人员来现场指导，并对大小齿轮润滑油进行更换，由原开式 CK680 齿轮油更换为路霸齿轮润滑专用油，把小齿轮轴承座向外调整，并对小齿轮磨损部位进行打磨处理；2010 年 3 月 18 日发现：①小齿轮轴承座振动较大，固定端的水平方向最大达到 2.53mm/s、垂直方向最大达到 3.13mm/s、轴向最大达到 5.52mm/s，自由端的水平方向最大达到 6.2mm/s、垂直方向最大达到 6.58mm/s、轴向最大达到 7.23mm/s；②减速器水平方向伴有间歇性振动较大。联系设备制造公司要求安排技术人员现场指导；5 月 10 日计划停窑，进行检查后发现，大小齿轮齿面磨损严重，如图 3-12 所示。

图 3-12　大小齿轮齿面磨损情况

小齿轮磨损局部，如图 3-13 所示。

图 3-13　小齿轮磨损情况

大齿轮磨损如图 3-14 所示。

图 3-14　大齿轮磨损情况

经与设备厂家工程师现场检查后，制订了大小齿磨损修复方案。

1）对磨损胶合齿面进行打磨处理，由于大小齿磨损点蚀胶合严重，为防止隐患进一步扩展，建议重新更换润滑油，将原路霸开式齿轮油更换为老鹰开式齿轮油。

大齿轮第一次打磨后，如图 3-15 所示。

图 3-15　大齿轮第一次打磨后

小齿轮第一次打磨后，如图 3-16 所示。

图 3-16　小齿轮第一次打磨后

对大小齿轮涂抹红丹粉多次打磨后，如图3-17所示。

图3-17　大小齿轮多次打磨后

对大齿轮涂抹红丹粉，如图3-18所示。

图3-18　大齿轮涂抹红丹粉

开机后运行情况，如图3-19所示。

图3-19　开机后运行情况

正常运行16h后，如图3-20所示。

对小齿轮齿顶间隙以及侧隙进行调整后，小齿轮轴承座轴向振动明显减小。

综合大小齿轮齿面磨损、点蚀、胶合等现象以及慢转后现场检查的情况，经分析后认为：造成齿面磨损、点蚀、胶合的主要原因是润滑方式选用不当，造成运行中大齿轮带油量不足，引起大小齿轮齿面间啮合位置油膜厚度不足。

图3-20　正常运行16h后情况

2）将大小齿轮的侧隙进行测量和调整。经测量，侧隙达到2.6mm，远高于1.65~2.06mm的允许极限值；松开减速器与电动机以及减速器与小齿轮轴的连接器；松开小齿轮左右轴承座的地脚螺栓，分别用2mm的塞尺插在同一组啮合齿轮的两侧，将轴承座顶丝向内慢慢顶紧，当大小齿轮侧隙达到2mm时，再紧固轴承座地脚螺栓，将大齿轮慢转分别在对称的6个点位置测量齿顶间隙和侧隙，并做记录；无异常后再调整小齿轮轴和减速器以及电动机和减速器连接器的调整工作，将连接器的调整范围径向偏差控制在0.2mm范围内，轴向偏差控制在0.1mm/m范围内为宜。

从开机后的检查运行跟踪来看，小齿轮轴承座的振动明显减小；从大小齿轮齿面的检查来看，暂未发现异常现象；对润滑油检查未发现油中含金属屑之类的杂物；但运行中在大齿轮密封处仍存在漏油现象，需进一步处理。

3）整改建议：

① 更换润滑方式：根据大齿轮罩原设计为喷油装置，要求大小齿轮润滑方式恢复为喷油润滑，并尽快恢复喷油装置。

② 根据目前大小齿轮齿面虽经打磨应急处理，但由于现场处理时受条件的限制，未能彻底解决隐患，因此建议利用大修机会将大小齿轮同时做调面处理。

③ 为暂缓大小齿轮存在的隐患继续发展，要求选用润滑稳定性好、黏度大的开式齿轮油。

④ 要求现场岗位人员每次停机对大齿轮油位检查一次，并根据油位适当补充油脂。

⑤ 利用停机对大齿轮罩密封磨损处进行恢复处理，并调整密封压板与大齿轮外圆轴向周边间距均匀，此间距为5mm时密封效果最佳。

第四章
新型企业设备管理组织结构

本章主要学习与企业设备管理组织结构相关的基本认识，提要见表4-1。

表4-1　第四章提要

本章主要帮助设备管家认识和了解企业设置设备管理部门的目的、职责以及网络构架形式。企业的设备管理部门是企业设备管理的决策机构，代表企业负责人对全公司设备进行管理的部门，各级设备部门是部门内部设备管理的决策机构。因此，作为企业的基层设备管家（设备操作人员、专职点检人员和工程技术人员）必须了解企业设备管理的组织结构

通过对本章的学习，要了解设备管理组织结构并能实际运用。

第一节　设备管理部门概述

一、设备管理部门及其职责

设备管理是企业经营管理的一个部分，用于保障产品作业线的持续稳定均衡作业；它通过日常有效的管理手段来预知设备状态和实施超前管理功能。设备管理部门的内容和职责见表4-2。

表4-2　设备管理部门的内容和职责

类　别	内　　容
设备管理部门的内容	设备管理部门是根据企业内部管理设备的需要而设置的，代表公司专职管理设备的部门，同时也是企业管理设备的决策机构。也有根据部门内部设备管理的需要，设置部门内部的设备管理部门，如企业"三位一体"的基层设备管家（设备操作人员、专职设备点检人员和工程技术人员）
设备管理部门的职责	企业设置代表企业管理全企业的设备管理部门，如设备处或设备部等，其主要的职责如下： 1）代表企业对部门设置的管理部门进行对口管理和指导 2）代表企业行使设备管理的决策权，落实企业设备管理的近期、中长期规划，对设备技术改造项目进行审核；涵盖对设备一生的管理，包括设备的规划、设计、制造、安装、调试、使用、维护、维修以及报废处置的管理

(续)

类别	内容
设备管理部门的职责	3）代表企业对设备资产进行管理 4）代表企业对外联系 5）代表企业对企业设备管理制度进行拟定、执行和检查 6）代表企业对部门设备管理绩效进行考核 7）代表企业对设备备件进行招投标、采购和技术指导 8）代表企业对企业设备的一生进行技术和经济管理
部门的设备管理机构（设备管家）的主要职责	1）落实和执行设备管理制度 2）对设备进行点检 3）对设备进行维护 4）对设备进行不停产检修 5）对设备进行停产检修（大修）

二、设备管理部门组织结构的变化

企业设备管理部门组织结构的设置，是为了满足企业对设备管理的需要，随企业管理的变化而变化。设备管理部门组织结构的变化见表4-3。

表4-3 设备管理部门组织结构的变化

变化项目	变化内容
设备管理的变化	在当今技术和经济条件下，企业劳动生产力的提高，得益于设备性能技术的快速发展；高科技材料和工艺对设备制造的运用，提高了装备的精度和科技水平，同时也推动产品作业效率和精度的提高以及成本损耗的降低，提高了产品的附加值和竞争力
设备管理重视程度的变化	在产品作业线上对设备的投资通常较大，且能够与产品的产量、质量、成本（利润）、交货期等密切相关。以设备管理为中心的管家体系已显露其重要性和紧迫性，逐渐被越来越多的企业所重视，从而促进企业为管理的需要，设置专业的设备管理机构
设备管理机构设置的变化	根据企业自身的产品作业规模和分布、产品作业线的性质、设备专业人才的素质和能力要求等，可以设置企业级别的设备管理组织机构、部门设备管理机构和设备维修机构

如图4-1所示的设备管理组织结构中，企业设备管理部门主要负责分厂设备管理部门、外协单位以及企业维修部门的管理。

在部门设备管理机构中，可以进一步划分设备管理组织机构，如分厂设备管理部门负责分厂专职点检部门和分厂维修部门的管理，企业维修部门负责企业维修车间的管理，分厂专职点检部门和分厂维修部门又分别负责分厂专职点检组和分厂日常维修组、紧急维修组的管理，企业维修车间负责维修施工组的管理。自上而下，逐层管理。

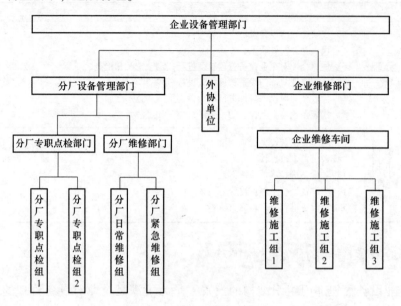

图 4-1　设备管理的组织结构

三、企业设备维修部门的基本知识

企业设置维修部门是设备管理的一部分。由于不同的企业，在规模、产品工艺流程、人员的素质和能力等方面的不同，对维修部门的设置也不尽相同，但都应满足企业特定的管理需要。了解设备维修部门的基本知识是设备管家必备的工作要求。

1. 企业设备维修部门的结构形式

企业的设备维修部门是企业设备管理组织机构的重要组成部分，其主要的职责是负责产品作业线设备的不停产检修和停产检修工作。在维修部门内部通常按机械维修部门和人员、电气维修部门和人员以及仪表和自动化部门和人员设置。所有的维修人员在承担日常维修和维护工作的同时，也相应承担对产品作业线的点检工作任务、设备修旧利用以及对设备进行技术改造等相关业务。随着人员素质和能力的提高，以及企业对维修人员的要求，一人多专将是今后企业发展的方向。

同时，设备维修部门本身也作为一个部门的组织机构，同样具备相应下一层级的管理机构。设备维修部门的组织结构如图 4-2 所示。

2. 企业设备维修管理方式的变迁

企业设备维修管理方式的变迁主要与当期企业对维修工作的需要以及人们

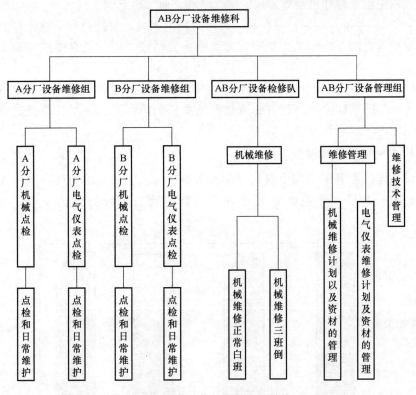

图 4-2 设备维修部门的组织结构

对维修的思想认识有关；维修的计划从无到有，从故障维修到主动维修等；维修随企业管理发展的需要而逐渐被重视和运用，其发展历程是从事后维修、定期维修、预防维修到当今的预测性维修。

1）事后检修：简单维修（20 世纪 40 年代前）。

2）定期检修：机械维修（20 世纪 40 年代到 70 年代）。

3）预防维修：维修复杂的机电设备，从 20 世纪 80 年代到 20 世纪末。

4）预测性维修：维修信息化设备，从进入 21 世纪至今。

3. 企业维修方式的变换

企业的设备维修方式由修复性维修、预防性维修、保障性维修变换到当今的预测性维修。

1）修复性维修，通常是对零部件出现磨损、变形、腐蚀、变形等状态进行修复校正，使其恢复原有的状态、性能的修复活动过程，一般在发生故障后维修。

2）预防性维修，通常是根据零部件的使用周期或采取定期、有意识的对零部件采取主动维修和更换等形式的维修活动,通常是定期维修。

3) 保障性维修,通常是在特定维修周期范围内,对经过预防性维修的零部件采取要求更加严格和措施更有保障性的维修活动,通常是更换或提前维护零部件。

4) 预测性维修是今后维修工作的发展方向。预测性维修建立在对设备故障的规律总结的基础上,通过对相关数据信息的归集而来。预测性维修能够有效地控制维修的成本和时间。

4. 与时俱进的维修服务执行方

设备维修服务的发展由操作方和设备制造方的维修发展为设备操作方、设备制造方、自修、外委维修第三方的维修过程。维修方式的变化如图 4-3 所示。

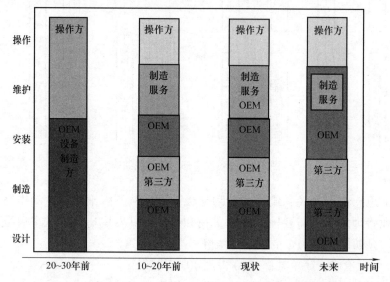

图 4-3 维修方式的变化(图中 OEM 的含义为原始设备制造商)

5. 制造服务方式的分类

制造服务通常采用三种方式,见表 4-4。

表 4-4 制造服务方式的分类

服务方式	服务内容
第一类服务方式	用户购买设备后,设备制造商提供系列服务。该类服务方式是面向提供产品的服务,包括工程方案服务和产品维修方式服务

(续)

服务方式	服务内容
第二类服务方式是	用户不购买设备,需要时可以租用设备。该类服务方式是面向产品应用的服务,是以租赁设备的方式来实现的
第三类服务方式	这类服务主要是设备外包方式,就是用户购买结果,是面向使用结果的服务,其他不用用户亲自去做,服务更加专业化、效率更高、质量更好

6. 制造服务的主要目的和优点

制造服务的主要目的和优点见表4-5。

表4-5 制造服务的主要目的和优点

类别	内容
制造服务的主要目的	制造服务的主要目的是提高服务链上的整体经济效益。表现在:使企业作业设备在全寿命周期内发挥最大的效能,减少不必要的采购,节约大量的自然资源,降低人类对物质的整体消耗,减少碳排放和各类污染,使环境更加和谐、友好、可持续 当今的售后服务仅仅是制造服务的一个组成部分,在制造服务新理念的指导下,售后服务在设备维修方面还会得到进一步加强
制造服务的优点	提高经济性,使环境更加友好

第二节　企业设备管家与设备管理部门的职能关系

企业设备管理部门,是代表企业来主导设备管理组织活动的部门,是企业设备管理规划、设备管理目标设定、策略的谋划、管理政策的制订以及设备管理决策组织者,也是指导、检查、督促、考核设备管理目标的部门。

企业的基层设备管家是落实企业设备管理目标决策的执行者,服从和服务于企业设备管理部门,同时也是设备管家的技术指导部门。企业对设备管理部门的设置通常存在三种方式,即集中型关系、分散型关系以及折中型关系。

一、集中型关系

对于集中型设备管理部门的设置,其组织结构形式如图4-4 集中型关系所示。企业设备管理部门统一分厂设备管理部门和企业维修部门的管理,以专业管理为主部门,集中统一对分厂设备管理部门、外协单位和企业维修部门的领导和指挥管理。在分厂设备管理部门的内部设置产线的设备管家和内部的维修部门,协助从事日常的设备维护管理。集中型关系对产线的大维修过程集中维修资源的管理。

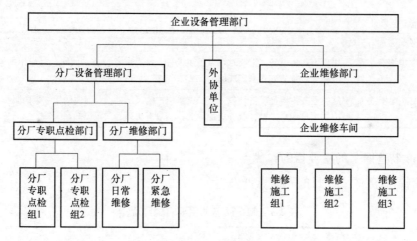

图 4-4 集中型关系

集中型关系以专业化设备管理为主，对设备管理的主导责任心强，主动性与协调性统一，能够集中维修资源的管理的优势；通常适用于规模大、日常的维修工作量大、工作任务紧、维修复杂以及对专业化管理要求强的大中型企业。集中型关系的缺点是分厂对产线设备管理的领导性弱。

二、分散型关系

分散型关系如图 4-5 所示。分散型管理人为地将分厂设备管理部门和企业设备管理部门分开，由企业决策层统一地领导、组织和协调管理。日常的分工是：分厂设备管理部门负责分厂内容的设备管理和维修，企业设备管理部门只负责设备维修和外协单位的管理；

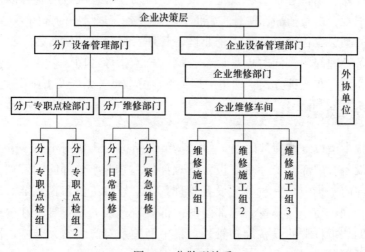

图 4-5 分散型关系

分厂建立产线的设备管家与设备维修部门可解决日常简单的设备维护和维修的管理,如果需要大型的维修活动,则需要决策层来统一协调设备维修资源。

分散型关系能够调动分厂对产线设备管家的日常管理,但缺乏一定的专业化的领导管理,专业化的管理优势不明显,组织大维修的协调性和统一性差,维修主动性和职责性弱。分散型关系适用于产线少、对专业化管理要求低、日常维修和维修工作量少的企业。

三、折中型关系

折中型关系如图 4-6 所示。折中型关系由企业决策层统一领导、指挥和协调管理,将分散型关系里企业维修部门从企业设备管理剥离至分厂设备管理,强化了分厂设备部门的职责要求,企业设备管理部门的日常工作主要是对外协单位的协调管理职能。

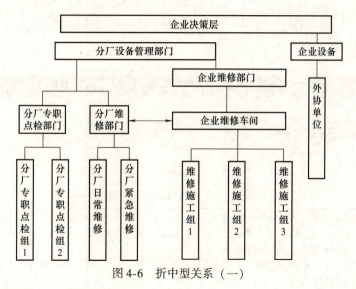

图 4-6 折中型关系(一)

设备管家在分厂设备管理部门的内容,统一了分厂内部设备管理检查和维修等功能。分厂设备管理的职能范围扩大,加强了对设备管理的主体意识,集中和统一分厂设备管理部门的职能。

折中型关系可加强分厂设备管理的主动性和协调性,统一设备管理的资源优势,加强对产品作业线设备的管控,同时可提高设备管家的工作责任心,提高日常管理的效率,提升对设备的服务能力。折中型关系适用于中小企业。其缺点是弱化了企业设备管理部门的职能。

通过维修资源的整合管理,可将分厂维修部门与企业维修部门合并管理,如图 4-7 所示。

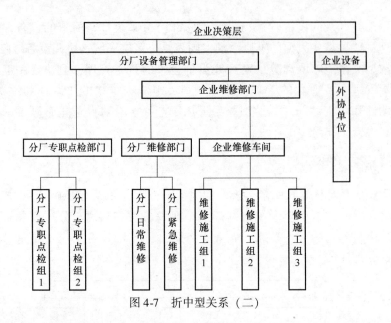

图 4-7 折中型关系（二）

第三节 设备管理组织机构未来发展趋势判断

一、设备管理组织的发展

设备管理组织的发展见表 4-6。

表 4-6 设备管理组织的发展

政策和制度的指引	我国经济要回升，就要扶植创新和消费，就要求"供给侧改革"的稳步推进，中央提出了加强"供给侧改革"，企业要紧跟形势，要以"供给侧的经济结构性改革"的精神实施以下几方面的改革： 1）减少政府管制，促进企业家的创新。对应当今"设备管理与维修"改革，就应该简政放权，将企业设备管理重心下移、建立设备管家体系 2）降低税负，提高个人和企业家工作的积极性。对应当今"设备管理与维修"改革，就要降税减负，以正激励替代负激励，尽量多奖少罚 3）要刺激生产必须增加资本积累并刺激个人的生产积极性。对应当今"设备管理与维修"改革，就应实行首违不罚、严格"二次违纪、重复故障"的管理 综上所述，"供给侧改革"落实在设备"制度供给"上，就是要积极推进"设备管家制"。"管家"对于我国人民来说是个家喻户晓的称呼。"设备管家制"符合"弘扬中国精神、凝聚中国力量、走中国道路"的指引，是中国式的精益管理
定位	任何一个企业的设备管理，首先要解决的是企业设备管理的组织问题及其定位问题。现在社会上诸多咨询公司推荐的好东西，必须是在企业实施改革和解决了这个问题后，是在企业产品作业线上"三位一体"的设备管家体系实施应尽责任的同时，才是应用的具体措施和办法。所以，企业领导和企业的设备管理工作者一定要弄清楚这两者之间的相互关系

(续)

企业设备管理方式"制度供给"的实施	1. 我国早期设备管理方式制度的特点 传统设备管理只有行政管理，设置在机关上层的科室，实行的管理方式是：领导说了算、管理重心在上。企业只有"检修"，实施"生产部门不管设备、设备部门只管完好"，设备是不坏不修，坏了紧急抢修；"巡检"是一种没有责任制的行为，基本上实施的是领导管理设备的制度。领导整天忙于制订计划、勤于检查过程，而员工忙于应付计划，是多干多错、多错多罚 2. 改革开放初期导入"点检定修制" 此时虽然引入了"点检定修制"，但仍以定时修理为重点，企业采用垂直式设备管理体制，基层员工的主动性积极性不强 3. 企业设备管理适应市场经济 在市场经济环境下，要提升企业的设备管理方式，除了要有设备的行政管理外，必须要求企业设备管理的重心下移、要解放领导，将企业里的"利益共同体"组合起来，建立企业产品作业线上"三位一体"的基层设备管理机构，即企业（涵盖货物类和服务类）产品作业线的设备管家体系，让产品制作一线最了解设备状态的"三位一体"的精英们来实施管理，并赋予责权利相结合的功能，充分调动基层员工的主动性和形成"领导和管家体系"的积极性和谐发展的局面

案例 4-1：某企业采用集中型关系的设备管理组织结构，代表企业对设备行使管理功能的设备部，对设备进行资产管理和现场管理，企业产线的设备管家承担着设备点检和维护的功能，作为设备维修委托方承担设备维修的功能。其设备管理组织构架如图 4-8 所示。

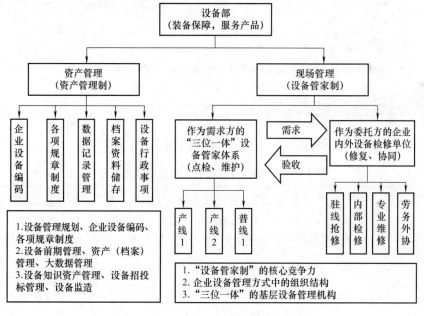

图 4-8　某企业的设备管理组织构架

案例 4-2: 某企业建立的基层设备管家体系。当企业产品作业线接受产品作业计划后,作为基层的车间生产线就要建立基层设备管家系统,主要由设备操作人员、专职点检人员和工程技术人员构成,其主要的职责是对设备进行维护和保障产品的功能,如图 4-9 所示。

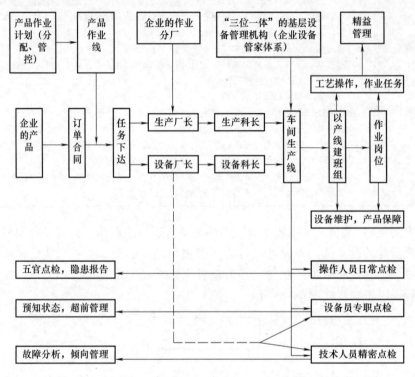

图 4-9 某企业建立的基层设备管家体系

二、现场管理中的委托方

作为现场管理中的委托方,其主要承载的内容见表 4-7。

表 4-7 现场管理中的委托方主要承载的内容

类 别	内 容
1. "设备管家制"的核心竞争力	以适应市场经济环境下的思维理念,将企业的"设备管理重心下移",把企业全部的现场问题解决在现场,解放企业的领导,形成两个积极性,为企业的发展提供强有力的基础保障
2. 企业设备管理方式中的组织结构	是适合于市场经济环境下的组织机构,是以提升企业设备管理方式中的行政管理来提升企业设备管理方式中的现场管理,以及提升企业设备管理方式中的保障管理

(续)

类 别	内 容
3. "三位一体"的基层设备管理机构	"三位一体"是指以设备操作人员、专职点检人员和工程技术人员为一体,将三者的经济利益合并在一起,形成企业里的命运共同体和利益共同体 "基层设备管理机构",即产品作业线的"设备管家",是保障产品作业线设备正常运行的守卫者和守护者,即设备卫士或设备管家 "设备管家体系",即企业装备保障管理中的主人或委托方,企业产线上的"三位一体"要实施"预知状态、超前管理",就要让企业产品作业第一线最了解设备状态的员工来管理设备

三、以企业产品为中心的管理

企业通过对产品作业来换取生存和发展的价值途径。在企业要建立以产品为中心的管理,就要按表4-8中的八个管理步骤来实施。

表4-8　八个管理步骤

序 号	内 容
1	在市场经济环境下,描述企业的产品
2	熟悉、制作描述企业产品作业的工艺流程
3	确定与上述产品配套作业设备的规格、型号
4	组成"三位一体"的设备管家体系和装备保障团队
5	认真列出每台设备的隐患危害分析清单
6	建立产品作业线设备状态受控点的分工方案
7	设定各关键设备、状态受控点的允许极限值
8	建立防止状态受控点超标的措施和监控手段

对产品作业线设备的管理,主要是以设备状态为中心的管理,以作业设备"状态"为中心有八项管理内容,见表4-9。

表4-9　八项管理内容

序 号	内 容
1	6S活动的初期清扫,标明问题点或隐患点
2	制作清扫、润滑、点检的标准
3	自主点、检在操作中不断提高设备的精度
4	对数据处理和装备保障开展信息化、智能化
5	清除污染源或隐患,做到易于清扫和检查
6	调整装置修复缺陷,全部实施总点检
7	清除污染源或隐患,再做到易于清扫和检查
8	采用全员参与的自主维修,并彻底实施自主管理

以设备管家责任为中心的八条管理原则,见表4-10。

表4-10 八条管理原则

序 号	内 容
1	为产品服务认真负责的原则
2	决策依据通过实践和数据的原则
3	持续改进的原则
4	过程管控的原则
5	节能降耗、降本增效的原则
6	尊重领导的原则
7	树立全局策略、互利共赢的原则
8	全员参与的原则

通过上述内容,应提升"四种能力"、实现"四个自主",见表4-11。

表4-11 "四种能力"和"四个自主"

工作要求	自主内容	能 力
实施企业设备管家体系	自主点检	预知状态的能力
实施企业设备管家体系	自主维修	超前管理的能力
实施企业设备管家体系	自主管理	装备保障的能力
实施企业设备管家体系	自主评价	不断学习与提升的能力

企业现场实施"设备管家制"后,要实现以企业阶段任务为基准、以服务于产品为核心、以用户满意为标准、以价值最大化为目标的"设备管家体系的装备保障管理"。

四、现场管理中的受理方

企业设备管理体系是"现场管理"中的受理方。现场管理的内容见表4-12。

表4-12 现场管理的内容

序 号	内 容
1	检修是"状态点检"的后续
2	企业维修管理的组织形式
3	编制"设备检修实施计划"
4	设备维修的"工程效率组织"

第五章
设备编码与状态控制点的汇编

本章主要学习设备编码与状态控制点的相关基本知识,提要见表5-1。

表5-1 第五章提要

本章主要讲解设备编码的含义、编码的原则及状态控制点,也是本书的重点和难点之所在
要求设备管家要会使用、会编制设备编码、备件编码以及设备故障编码,了解 BOM 的应用等。要求设备管家清楚产品作业线设备的状态控制点,通过对设备状态控制点的汇编管理,利用信息化手段进行设备的有效管控
明确"H"阶段计划的定位,确立信息共享环境

第一节 设备编码

一、设备编码的内容

根据工艺流程布局,企业产品作业线由若干个装置组成,每个装置又由若干个独立设备构成来完成一个装置的功能。对若干个产品作业线和若干个设备进行日常的管理活动,为了便于日常管理上的区分,应将所有设备按照一定的规律进行编号管理,设备编码的基本内容见表5-2。

表5-2 设备编码的基本内容

序号	类别	内容
1	设备编码的含义	设备编码是各种信息化设备管理系统的应用基础,是必须首先做好的工作
2	设备编码的范围	设备编码的范围可以根据管理内容确定,如资产、产品作业线的管理
3	设备编码的分类	通常可分为品种编码、实物编码及用途编码三种;也有企业根据产线的特点进行分类;也有企业根据设备的专业类型进行分类,如按机械、电气、自动化等专业进行编码

(续)

序号	类别	内容
4	建立设备编码的意义	对资产和产品作业线设备进行编码，有助于对同一类型或规格型号相同的设备在不同的装置上使用进行区分，也有助于对设备的管理
		有助于对每台设备建立信息化的管理
		有助于规格型号相同的设备在不同的作业工艺中进行管理上的区分
		通过对设备进步编码，方便设备管理人员对设备管理信息进行登记、统计和分析
		通过对设备进行编码，便于员工快速、便捷区分同种类型设备的检查、维护、维修和记录

二、建立设备编码的原则

企业对产品作业线设备进行一定规律的编码，对于设备的编码管理活动需遵循一定的原则。建立设备编码的原则见表5-3。

表5-3 建立设备编码的原则

序号	原则
1	编码具有唯一性，否则计算机无法识别
2	编码应尽可能短，以免占用计算机资源
3	编码应有一定的可扩展余度
4	要考虑组织实施编码的难易程度
5	当与其他系统接口时，要了解其他系统编码体系，并与其保持相对的统一性
6	检修工程编码要与设备编码一致

案例5-1：某企业产品作业线设备的编码体系见表5-4。

表5-4 某企业产品作业线设备的编码体系

1	2	3	4	5	6	7	8	9	10	11	12	13
分厂或车间		专业分类	分厂或车间设备		分厂或车间设备的分区			分厂或车间设备分段		企业自行设计的代码		

案例5-2：检修工程编码一般在设备编码后。某企业的检修工程编码见表5-5。

表5-5 某企业的检修工程编码

1	2	3	4	5	6	7	8	9	10
企业分厂或车间		专业分类	分厂或车间机组		当年检修工程施工月		当年检修工程施工月中的代号		

案例5-3：某企业按专业分类的编码见表5-6。

表 5-6　某企业专业分类的编码

J	D	Y	N	X	T	Z	L	F	S	R	M	B
机械	电气	仪表	电脑	通信	土木	建筑	炉窑	通风	水道	热力	煤气	通用

三、BOM 的应用与转换

物料清单（Bill of Material，BOM）是设备最小的维修单元，其基本应用见表 5-7。

表 5-7　BOM 的基本应用

序号	类　别	内　　容
1	维修 BOM 的定义	以自有维修对象或承接维修对象设备树的形式存在，设备树由 BOM 组成
2	维修 BOM 的分类	根据组织形式的不同，维修 BOM 可分为以原始设备制造商（OEM）为主体的维修 BOM 和以产品业主/运营商以及专门的第三方"MRO"（维护、维修、大修）服务提供商为主体的维修 BOM BOM 是计算机可识别的产品结构数据文件。根据产品设计制造使用全寿命周期各阶段不同的展现形式，BOM 可以分为工程 BOM（Engineering BOM，EBOM）、工艺 BOM（Planning BOM，PBOM）、制造 BOM（Manufacturing BOM，MBOM）、交付 BOM（Delivery BOM，DBOM）和使用 BOM（Service BOM，SBOM） 作为"MRO"业务开展最为成熟的航空维修业，最早民用飞机的维修 BOM 是基于工程 BOM 转化的系统研究，并提出了 BOM 遍历搜索算法来生成航线维修 BOM
3	最小维修单元和维修 BOM	大型复杂的设备结构，一般都有很多个分系统。每个分系统都包含大部件、中部件、组件和零件等层次；同一零、组件会有不同数量并在不同位置进行安装使用；序列号的应用将虚拟的产品数据实体化（序列号是维修 BOM 形式的另一个重要元素）。在制造过程中经常会产生通过焊接、铆接、粘接、胶接和挤压等连接而形成的不可拆卸的连接，以及在制造过程中伴随着零件组的不可逆变形。在维修 BOM 中，面向维修组织主体的不可拆卸件，也被定义为最小维修单元。最小维修单元是根据维修主体的维修能力和维修管理精度来划分的，最小维修单元和其他可拆卸的最小维修单元产品结构共同组成基本的维修 BOM
4	BOM 的编制原则	1) 参照设备已有的编码来识别设备对象的类别，定义从设备的整机、大部件、部件直至零件，覆盖多层次和管理维度 2) 定义维修 BOM 的基本单元为最小维修单元 3) 以维修单元对象的管理精度和对象特点进行编码定义：对象使用全寿命周期内全过程跟踪的维修单元，采用序列号跟踪方式；单元对象为消耗件，通过位置编码进行唯一编码确认，记录时间域内单元对象的状态特征 4) 维修能力和管理精度不进行覆盖的对象单元不在维修 BOM 中体现

下面介绍维修 BOM 节点记录信息及属性过程的实例。

案例 5-4：如图 5-1 所示，在维修 BOM 的记录信息中，作为维修 BOM 记录信息主要分为两个方面，即可维护跟踪属性列表和零件更换。

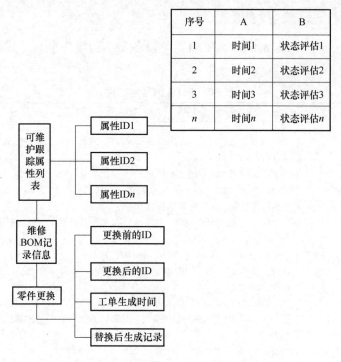

图 5-1　维修 BOM 的记录信息

可维护跟踪属性列表分为不同的属性，每个属性 ID 根据序号、时间进行状态评估，而零件更换要记录更换前的 ID、更换后的 ID、工单生成时间及替换后生成记录等。

各行各业都有适应自己的设备代码体系。

四、设备编码和设备故障编码

设备编码是设备管理的特定编码，其设定的依据一般以设备产品作业线设备的复杂程度和简易性进行不同类的编码。

设备故障编码不仅需要设备编码作为原始组建，而且还需要与设备维修 BOM 编码进行有机结合。

通常，企业里的设备都有编码，一般有设备固定资产编码、产品作业线编码、设备管理编码和设备故障编码。设备编码的分类见表 5-8。

表 5-8 设备编码的分类

序号	分类	编写部门	内容
1	设备固定资产编码	一般由固定资产管理部门进行编写	由于其归属职能不同，有的在财务部门，有的在企业管理部门，有的在设备管理部门。其主要特点是设备编码比较长，编码依据是企业相关代码、设备总和管理代码、设备占用资金大小等
2	产品作业线编码	一般由制造部门或者制造计划部门进行编写	其主要编写依据是以产品作业为主要对象的，根据产品制造的不同，配置不同的制造设备，编码的主要特点反映产品作业线和产品之间的关系。产品作业线编码对于设备管理来说具有一定的局限性，通常产品作业线编码过于简单，只能在产品作业线附近最多是相邻的区域使用，而设备管理需要对企业所有的设备进行编码
3	设备管理编码	一般由设备管理部进行编写	主要是以便于设备管理进行的统一称谓，其编写范围涉及企业该类设备的总和，以设备类别作为设备管理编码依据是设备管理编码的主要特征。同样的设备在不同的范围，几个分厂或者几个车间同时具有同样或者同类的设备，设备编码会将其归属于同一类设备编码
4	设备故障编码	设备自身携带的故障编码	一般是指设备故障特有的且唯一明确的编码，随着现代设备智能化控制的发展，很多设备已经带有设备故障编码，有的设备管理人员直接可以读取，有的设备管理部门无法读取需要厂家来读取，这是设备自身携带的故障编码，这是设备故障编码的一种
		设备管理部门自己建立的设备故障编码	这种故障编码建立的需要遵循以下原则： 1）编码的唯一性，该编码只能指一个故障或者故障类别 2）编码的明确性，该编码必须是该企业设备管理的最小维修单元，具有简洁明确的处理方案 3）编码必须尽量简洁，以便于迅速查找 4）编码建立必须有相应的点检维护保养，或者也可以说是设备状态控制点 5）故障编码一定要与设备编码和设备自身携带的故障编码相结合

案例 5-5：以下是某企业设备管家对产品作业线上的某台设备定位某个零件的案例说明。图 5-2 所示为定位一个零件，这是一个设备树的最小维修单元。

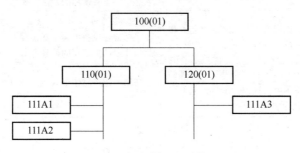

图 5-2 定位一个零件

图 5-3 中 100、110、111、120 是企业里的设备编码，设备管家在 100、110、111、120 后面的括号里增添编码 01（01 表示原始未修过的），三天后对编码为 100（01）、120（01）进行修理后的编码为 100（02）、120（02），其他未经过修理的仍然以（01）来表示，这样便于跟踪零件的全寿命周期；如果三天以前还是（01），则当前是（02），这样便于分析设备状态的变化规律。

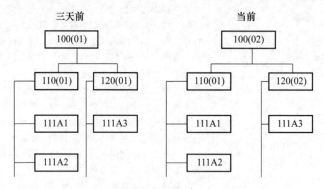

图 5-3　追踪零件的全寿命周期

对于一些通用设备，在市场上已经有维修一站式服务，如空气压缩机、立磨辊套磨损堆焊等。企业设备管理在设备维修方面的发展趋势，主要是趋向于自主管理。这里的自主管理主要是明确哪些设备由自己来维修、哪些设备需要设备厂家进行一站式维修，需要采用不同的维修策略。

五、设备编码方案

对设备编码是一个体系化的工作，需要建立有一定标准的工作流程。设备编码方案见表 5-9。

表 5-9　设备编码方案

序号	方　案	备　注
1	确定产品作业线的条数并分别进行编号	如五条产品作业线，编号为 1、2、3、4、5，要求标记在设备编号的首位，如编号为 1×××
2	根据工艺流程前后的顺序或工艺流程先后工序的分类编号	如需要经过五道工序，编号为 1、2、3、4、5，要求标记在设备编号的第二个位置上，如第一条产品作业线第二工序的编号为 12××
3	根据每个产品作业工序里工艺流程的前后顺序对单个装置进行编号，通常要求标记在设备编号的第三个位置上	如第一条产品作业线第二工序的第五台装置编号为 125×
4	把每个装置上的单体设备（电动机、减速器等）进行分别标记，要求标记在设备编号的最后位置上	如第一条产品作业第二工序第五台装置的第二台设备编号为 1252

六、设备备件编码方案

根据设备里大部件的分类进行编号1、2、3……；再将大部件（1、2、3……）里的每个部件进行编号，部件编号为1、2、3……；再把每个部件里的零件进行编号，零件编号为1、2、3……；最后将零件分解到不可分解的地步，即最小维修单元。当然设备最小维修单元并不是一成不变的，随科技发展和3D打印技术的应用，原来由多个零件组装的部件，现在可以一次性打印成型。设备备件编码方案如图5-4所示。

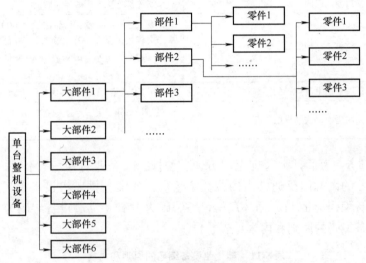

图5-4 设备备件编码方案

七、设备故障代码编码方案

根据故障零件的更换名称和频率可编制设备故障代码方案，如第一条产品作业线第二工序第五台装置第二台设备的故障编码为：1252-零件编号-故障次数编号。设备故障代码编码方案见表5-10。

表5-10 设备故障代码编码方案

序号	项 目	内 容
1	更换前yz001（原装）	根据设备零部件更换的顺序依次编号为yz001、yz002、yz003、yz004……
2	第一次更换后，记录为yz001－gh001（更换）	—
	第二次重复更换上次同样的零部件，记录为gh001－002（更换）	—
	第三次重复更换上次同样的零部件，记录为gh001-003；依此类推	—

(续)

序号	项　　目	内　　容
3	工单生成时间	是指更换零部件所使用的时间
	第一次更换生成时间	可以记录 sc（生成），如某减速器高速轴锥齿轮记录为 yz001，减速器第一次更换锥齿轮的时间为 2h，则记录为 yz001-gh001（sc2）
	第二次更换上次同样的零部件	更换的时间为 1.8h，记录为 gh001-002（sc1.8）
	第三次更换上次同样的零部件	更换的时间为 1.5h，记录为 gh001-003（sc1.5），依此类推
4	替换后使用时间	是指零部件更换后的使用时间
	第一次更换使用时间	如某减速器高速轴锥齿轮记录为 yz001，减速器从原装锥齿轮到第一次更换锥齿轮所经历的使用时间（s）为 200h，记录为 yz001-gh001（sc2）-（s200）
	第二次更换上次同样的零部件	使用 180h，记录为 gh001-002（sc1.8）-（s180）
	第三次更换上次同样的零部件	使用 150h，记录为 gh001-003（sc1.5）-（s150），依此类推

案例 5-6：为了日常管理上的方便、便捷，某企业对现场设备进行编码管理。该企业的设备编码通常由四位数字组成，如窑头排风机设备编码为 1538、回转窑设备编码为 1511、循环风机设备编码为 1618、立磨设备编码为 1309 等。某企业设备编码的原则和内容见表 5-11。

表 5-11　某企业设备编码的原则和内容

序号	类　别	说　明	备　注
1	编码的原则是首位数字是几就代表是哪一条产品作业线	如窑头排风机的设备编码为 1538，其首位数字"1"代表是第一条产品作业线；第二条产品作业线的所有设备编码的首位数字是 2；以此类推	—
2	第二位数字表示按熟料制造的工艺流程前后顺序，对物料加工输送工序的顺序进行编码	例如，原材料输送至中转站配料站为一个区域 1，自配料站至粉碎系统为一个区域 2，原材料粉碎系统为一个区域 3，粉碎后的物料输送至生料均化库至入预热器一级筒为一个区域 4，预热器至篦冷机下料口为一个区域 5，窑尾系统循环风机为 6，熟料输送区域设备为 7，原煤粉碎系统为 8，水泥熟料粉磨区域设备为 9	1）矿山石灰石粉碎及输送编码为 1，如第一条产品作业线石灰石双转子破碎机编码为 1101，以此类推 2）其他原材料输送编码为 2，如第一条产品作业线页岩带式输送机设备编码为 1203，第二条产品作业线页岩带式输送机设备编码为 2203，以此类推 3）立磨粉碎系统设备编码为 3，如第一条产品作业线立磨设备编码为 1309，第二条产品作业线立磨设备编码为 2309，以此类推

（续）

序号	类别	说明	备注
2	第二位数字表示按熟料制造的工艺流程前后顺序，对物料加工输送工序的顺序进行编码	例如，原材料输送至中转站配料站为一个区域1，自配料站至粉碎系统为一个区域2，原材料粉碎系统为一个区域3，粉碎后的物料输送至生料均化库至入预热器一级筒为一个区域4，预热器至篦冷机下料口为一个区域5，窑尾系统循环风机为6，孰料输送区域设备为7，原煤粉碎系统为8，水泥熟料粉磨区域设备为9	4）窑尾物料输送系统区域编码为4，如第一条产品作业线生料粉输送斜槽设备编码为1403，输送斗提设备编码为1408；第二条产品作业线生料粉输送斜槽设备编码为2403、输送斗提设备编码为2408；以此类推 5）预热器、分解炉、篦冷机、高温风机编码为5，如第一条产品作业线预热器设备编码为1501，第二条产品作业线预热器设备编码为2501，以此类推 6）窑尾排风机编码为6，以此类推 7）熟料输送系统编码为7，以此类推 8）原煤粉磨系统编码为8，以此类推 9）熟料粉末编码为9，以此类推
3	第三、四位数字表示根据物料输送循序由前向后对设备逐台进行编码	如第一条产品作业线物料粉碎系统中立磨设备编码为1309，其中09表示立磨是粉碎系统中的第9台设备。在立磨系统中包含电动机设备编码1309（1）、减速器编码1309（2）、液压站编码1309（3）、磨辊润滑站编码1309（4）、选粉机编码1309（5）、减速器润滑站编码1309（6）、密封风机编码1309（7），以此类推	—
		如第二条产品作业线物料粉碎系统中立磨设备编码为2309，其中09表示立磨是粉碎系统中的第9台设备。在立磨系统中包含电动机设备编码2309（1）、减速器编码2309（2）、液压站编码2309（3）、磨辊润滑站编码2309（4）、选粉机编码2309（5）、减速器润滑站编码2309（6）、密封风机编码2309（7），以此类推	—
4	对于备用设备采取在四位编码后加后缀ab	—	如均化库罗茨风机编码

案例5-7：某企业为了方便对设备零部件进行管理，便于日常维护、维修和

备件材料的申报与采购、库存、领用以及信息的管理工作；按设备部件的构造逐层分解，如风机整机分解为壳体、叶轮总成、轴承座等，再对壳体、叶轮总成、轴承座进行分解，如壳体分解为上壳体、下壳体、侧面壳体等，叶轮总成分解为叶轮和主轴，轴承座分解为轴承、锁帽、止退垫圈、上压盖、通盖、密封、支承架等。

风机零件的编码如图 5-5 所示。

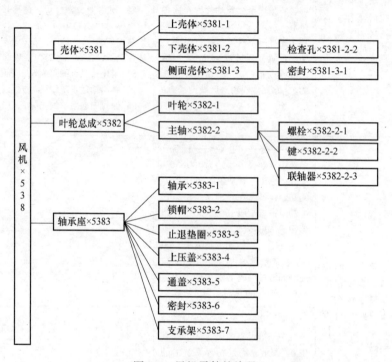

图 5-5　风机零件的编码

第二节　设备状态控制点的汇编

设备状态控制点是指影响、检测、监测和控制状态变化的作业区域。对设备状态控制点的学习和运用是设备管家管理设备的核心内容。设备管家在日常工作中对设备状态控制点的关注是谨慎而细致的工作。

一、建立设备状态控制点的基本要求

设备管家应学会区分设备状态控制点。设备状态控制点的基本要求见表5-12。

表 5-12　设备状态控制点的基本要求

要　点	内　容
建立设备状态控制点是设备点检的必备要求	"三位一体"的基层设备管家在日常的工作中，应了解如何去点检设备，点检设备的哪些部位，哪些部位是关键的部位，哪些部位一旦出现故障会导致停产，哪些部位出现故障可以通过监控调整是可以不用停产的。如减速器高速轴轴承座振动大，一旦出现故障将导致停产；如减速器端盖出现渗油现象，只要日常监控好油位，是不需要停产维修的。因此，通过建立设备状态控制点，便于设备管家通过日常对状态控制点的点检检查，把握设备的运行状态和隐患状态，为有效监控设备的精度、效率、功能、性能提供技术支撑
建立设备状态控制点是设备预维修的必备要求	在企业的日常运行中，通常设备不是一次性导入使用的，而且随着每台设备的使用环境不同，在性能、功能、效率和精度等方面，因磨损、断裂（开裂）、疲劳、腐蚀等导致的故障形式多种多样。因此，当企业设备出现各种类型的故障时，以前在很多企业设备管理中认为设备故障不可控。事实上并非如此，经过不断地认真检查，在实际的企业制造过程中，设备存在机械磨损和电气磨损，其存在一定的必然性，设备运行中的磨损一旦达到了极限值其必然出现故障影响制造。因此，观察设备运行磨损程度是控制设备故障的基本手段，根据故障和设备运行的基本要求，实现设备运行的全程监控，可为设备预维修提供数据支持
建立设备状态控制点是建立设备标准的必备要求	通过建立设备状态控制点，监控设备的关键部件，核定设备的精度、效率、性能、功能的标准点（范围），可有效防范和管控设备的故障或事故发生。通过管控设备的状态控制点，可合理制订企业设备的产品作业计划及设备维修计划，同时也便于设备管家对设备点检的"四大标准"的建立，即设备的点检技术标准、设备的润滑标准、设备的维修标准和设备的维修作业标准。建立合适、正确、固化的标准便于在设备管理过程中，对设备的精度、性能、功能、效率等进行统一的衡量，避免因人员流动或因个人的经验不同而导致衡量错乱现象

二、设备管家管理的范围和分类

设备管家要充分认识管理的范围和分类，正确区分管什么、怎么管的问题。设备管家管理范围和分类见表 5-13。

表 5-13　设备管家管理的范围和分类

类　别	内　容
企业的作业设备	企业的作业设备一般包含产品作业线设备和普通作业线设备。产品作业线设备通常指直接用于加工产品的设备。普通作业线设备是指为产品作业过程中提供能源、运输、工艺装备等起辅助或者间接作用的设备。企业设备管理的重点是产品作业线上的设备。企业的设备管家要熟悉企业产品作业的工艺流程，并熟悉流程中每个作业设备的性能和用途；同时要了解在这条作业线上，哪些设备是需要进行重点管理的，哪些设备是关键设备，有哪些状态控制点，以及每个状态控制点的内容 　　因此，设备管家首先要了解什么是企业产品作业线上设备，再从产品作业线设备找到哪些是关键设备，再从关键设备中找到设备状态控制点

(续)

类别	内容
关键设备	关键设备是产品作业线上有隐患或有故障的设备,从开始到完成所有产品作业过程中是不可替代和不可缺失的设备。更简单地说就是能导致整个产品作业线停产的产品作业设备就是产品作业线上的关键设备 　　设备管家首要找到整个产品作业线中的关键设备。关键设备通常有以下特点: 　　1) 设备数量少。一旦被损坏,将没有可替代的设备,容易形成设备断流现象 　　2) 单台设备产量高。因故障停机之后会造成停产、产能不足、产品堆积断流现象 　　3) 在产品作业线的前端到中间段,通常该类设备不一定会在起始端和末端 　　4) 产品加工周期长,主要表现为工序中加工时间较长。转产更换不容易的设备首先要加以关注 　　5) 在产品作业线上,经济价值高、难修复、复杂程度大、精度要求高等,以及"高、大、精、尖"的设备 　　找到关键设备后需要通过设备管家的点检活动来防范该设备发生事故或故障。关键设备是设备管家需要特别关注的设备,对此类设备的管控监控尤为重要,也是直接体现设备管理部门的主要设备,是对制造和设备管理相互关联最明显的体现 　　对于关键设备必须要由专人专机专门对待,而其参数设置依据和点检项目、维护保养需要花更多的人员和精力去认真对待,一旦关键设备出现意外故障,直接会导致企业减产、停产 　　值得注意的是,关键设备未必一定要在产品作业线上,在辅助设备里也要比照产品作业线设备来关注关键设备,诸如电力、蒸汽、水源等动力能源设备也同样存在关键设备。综合一点,只要有隐患且容易造成企业大量减产、停产的设备均可以称作关键设备。作为关键设备就会需要更多的制度流程为其服务,需要更多的人力物力来关注,需要分配更多的监控点,需要更多的点检内容支持。做好关键设备的管理是设备管家的重要战略支撑点
状态控制点	产品作业线设备状态控制点是指影响设备运行的状态及参数等变化的控制点

关键设备状态控制点的点检项目见表5-14。

表5-14　关键设备状态控制点的点检项目

序号	物理特征	测量目标	使用范围
1	振动	稳定振动、瞬态振动、模态参数	旋转机械、流体机械、转轴、轴承、齿轮等
2	温度	温度、温差、温度场以及热图像	热工设备、工业窑炉、电动机、电子设备等
3	油液	油品的理化性能、磨粒的铁谱分析、油液的光谱分析	设备润滑系统、有摩擦副的传动系统、电力变压器等
4	声波	噪声、声阻、超声波、声发射等	压力容器以及管道、流体机械、工业阀门、断路开关等
5	强度	载荷、扭矩、应力、应变等	起重运输机械、锻压设备、各种工程结构
6	压力	压力、压差、压力联动	液压机械、流体机械、内燃机、液力耦合器等

（续）

序号	物理特征	测量目标	使用范围
7	电气参数	电流、电压、电阻、功率、电磁特性、绝缘性能等	电动机、输变电设备、微电子设备、电工仪表等
8	表面状态	裂纹、变形、点蚀、剥落腐蚀、变色等	设备及零件的表面损伤、交换器及管道内孔的照相检查
9	无损检测	射线、超声、磁粉场、渗漏、涡流探伤等	压延、铸锻件及焊缝缺陷检查、表面镀层及管壁厚度检测
10	工况指标	设备运行中的工况和各项主要的性能指标	流程工业和产品作业线上主要的制造设备

设备管家对设备状态的关注，首先要了解和学习设备的状态特征，把握特征的变化，了解设备运行状态的变化。

案例5-8：某水泥企业的设备状态控制点的汇编。在该企业中，对设备状态控制点的监控是设备管家日常管理的重点。通过对设备状态控制点的监控，可及时发现、检测和有效分析设备存在的隐患或危险，能够清楚认识哪些状态现象是设备的性能、效率、精度或功能发生变化的表现。通过采取相应的技术和管理措施来防范设备故障或事故的发生，防范作业过程中断。企业设备状态控制点汇编见表5-15。

表5-15 企业设备状态控制点汇编

装置名称	设备名称	状态控制点
带式输送机	电动机	电流
		定子温度
		轴承温度
		振动
	减速器	轴承座温度
		轴承座振动
	联轴器	液力耦合器温度
		振动
	滚筒	头部驱动滚筒轴承座的温度、振动
		尾部滚筒轴承座的温度、振动、速度
	传动带	传动带打滑
		传动带跑偏
		传动带防撕裂
		下料口料位
		传动带接头以及磨损

(续)

装置名称	设备名称	状态控制点
大型风机（高温风机、循环风机、尾排风机）	电动机	定子温度
		轴承座的温度、振动
		电流
	风机	轴承座振动
		轴承温度
	油站	油站供油、回油压力
		油温
		过滤器压差
		流量
立磨系统	电动机	定子温度
		轴承座的温度、振动
		电流
	电动机油站	油站供油、回油压力
		油温
		过滤器压差
	减速器	滑块供油压力
		油温
		过滤器压差
		轴承温度
		轴承座振动
	液压胀紧	供油压力
		油温
		过滤器压差
		研磨压力
		抬辊压力
		油泵输出压力
		油泵振动
		阀件灵活
	磨辊	转速
		轴承温度
		振动
	磨辊润滑站	油站供油、回油压力
		油温
		过滤器压差
	选粉机	轴承座振动
		轴承温度
		联轴器振动
	油站	油温
		油压
		油泵温度
		油泵振动
	立磨本体	振动
		入磨风温

（续）

装置名称	设备名称	状态控制点
入库（窑）斗提	电动机	电流
		定子温度
		轴承的温度、振动
		电动机异响
	联轴器	液力耦合器温度
		振动
	传动带	传动带打滑
		传动带跑偏
		下料口料位
		传动带接头夹
		料斗螺栓孔
	滚筒	头部驱动滚筒轴承座的温度、振动
		尾部滚筒轴承座的温度、振动、速度
预热器	状态	选粉筒锥部流管的温度、压力
		分解炉锥部的压力、温度
		翻板阀的灵活性
回转窑	筒体	筒体温度扫描
		筒体转速
		轮带滑移量
		筒体变形量
		弹簧板连接
		齿轮连接
	电动机	定子温度
		轴承座的温度、振动
		电流
	减速器	轴承座温度
		振动
	减速器油站	供油压力
		油温
		过滤器压差
	挡轮	油压
		挡轮上下窜限位
	轮带	轮带间隙或滑移量
		轮带挡块磨损
	托轮	托轮瓦温度
		托轮油温
		托轮接触面
	大小齿轮	润滑油喷淋气压
		油压
		小齿轮轴承座的温度、振动

(续)

装置名称	设备名称	状态控制点
冷却机	篦床	篦床压力
		液压缸行程
		篦板温度
		液压推拉杆抖动
		液压支座焊接位置
		风室风压
	液压油站	油泵供油压力
		油温
		油泵振动
		油位
		油泵电动机的温度、振动
		管路接头渗漏
		冷却水水压
	冷却风机	风机轴承座的振动、温度
		风机电动机的电流、温度
		管路阀门开度
		进风口通道
	破碎机	电动机的电流、温度、振动
		轴承座的振动、温度
		V带以及带轮
煤磨	主电动机	定子温度
		轴承座的温度、振动
		电流
		油站的油压、油温
	减速器	振动、温度
		油站的油温、油压
	小齿轮轴承座	振动、温度
		大小齿轮润滑喷淋的油压、气压
	筒体	轴承座的振动、温度
		轴承座油站的温度、油压、冷却水压
	选粉机	入磨风温
		轴承的振动、温度
		油站的油压、油温、油位、水压
	煤粉仓	温度
	收尘袋	压力、温度
	系统风机	温度、振动

（续）

装 置 名 称	设 备 名 称	状 态 控 制 点
熟料输送系统	电动机	电流
		定子温度
		轴承的温度、振动
	减速器	轴承座的温度、振动
	联轴器	液力耦合器的温度、振动
	传动	头部驱动链轮轴承座的温度、振动
		尾部从动链轮轴承座的温度、振动、速度
		行走轮跑偏
		链销窜位

第六章
设备分级与设备树系统

本章主要学习企业作业线上设备树的相关基本知识，提要见表6-1。

表6-1　第六章提要

本章主要讲解企业作业线设备的分类与分级，产品作业线上设备树的构成与分解，以及单体独立设备。通过本章的学习，能够帮助设备管家了解设备的构成与作用，增加对设备的管理认识

第一节　设备分级

企业对作业设备进行分级，主要是为了对设备进行区分管理。作业设备分级的意义和分级见表6-2。作业设备分级的依据或原则见表6-3。A级设备管理项目的确定见表6-4，A级设备管理的内容见表6-5。B级设备管理项目的确定见表6-6，B级设备管理的内容见表6-7。C级设备管理项目的确定见表6-8，C级设备管理的内容见表6-9。

表6-2　作业设备分级的意义和分级

作业设备分级的意义		1）更科学地抓住主要矛盾，分清主次，突出重点，又能兼顾一般，使有限的设备发挥最大的经济效益，降低企业制造成本，提高企业制造效率，充分发挥现有设备的最大经济社会效能 2）可对作业设备进行科学的分级管理；规范设备管理的程序，增强操作人员对设备的维护保养意识；加强维修人员的管理，使设备维修工作上台阶、提质量；准确地统计企业设备的数量并进行科学的分类，分析企业的制造能力；明确职责分工，编制设备维修计划，进行维修记录和技术数据统计分析
作业设备的分级	A级	是指在企业日常制造中的关键设备，而且是唯一的制造单元，无备用和替代。该设备一旦停运或发生故障，将对企业的制造经营指标、产品质量安全、交货期都有制约，对企业的信誉和客户的关联关系都会造成重大影响或损失
	B级	是指在企业日常制造中的主要设备，但是不是唯一的制造单元，有备用和替代。该设备一旦停运或故障，根据故障的实际发生情况，设备管理部门及使用部门结合实际可以用其他设备和方法代替。该设备对企业的制造经营指标、产品质量安全和对外形象不会造成重大影响或损失，并通过备用和替代后能满足正常的制造需要
	C级	是指在企业日常制造中的一般辅助设备，有备用和替代。该设备一旦停运或故障，对企业的制造经营指标、产品质量安全和对外形象不会造成重大影响或损失，并通过备用和替代后能满足正常的制造需要

第六章 设备分级与设备树系统

表6-3 作业设备分级的依据或原则

序号	分　类	因　素	备　注
1	按照设备在企业的日常制造经营、形象要求和主导性分	1）按对作业因素影响大小（产品质量、产量）、安全因素、检修因素（可靠性、维修性）的比例 2）按经济因素（经济价值高低） 3）按备用因素、备品备件因素（设备备品备件存储、采购的难易程度） 4）按环保因素，控制排放的核心设备 5）按保养维护级别、影响的重要程度及权重，分为A、B、C三个等级	—
2	按事物之间的关系分	从中找出最关键的少数（A级）和次要的多数（B级和C级），从而把主要精力集中于关键的少数，以达到事半功倍的效果。将设备分级运用到设备管理中，就是把品种繁多的设备按照一定的标准进行分类，然后针对不同类别的设备分别采用不同的管理方法，以提高效率	—
3	根据设备在制造中的重要程度分	A级设备，是企业的关键设备	A级设备一旦出现故障，将引起企业主要产品作业线停产，对人员、制造系统、机组或其他重要设备的正常使用有直接的关联作用
		B级设备，是企业的主要设备	B级设备是企业的主要制造设备，该设备损坏或自身和备用设备均失去作用的情况下，会直接导致产品作业线的可用性、安全性等降低
		C级设备，是企业的一般设备	C级设备结构比较简单，是制造中的辅助设备，平时维护工作较少，检修也简单

表6-4 A级设备管理项目的确定

序号	管理项目	内　容
1	设备前期购置	由设备技术管理部门组织，制造工序相关人员参与可行性技术经济论证及方案确定
2	设备技术资料档案	严格完善，相关档案部门存档，专人管理

(续)

序号	管理项目	内容
3	设备运行分析	由设备管理部门检查和考核，定期进行设备完整性分析
4	点检、润滑、动态	建立点检、润滑、动态报表，全面掌握信息，由各制造工序相关人员认真填写
5	五定要求	定人、定岗、定标、定机、定责，且指定专人负责
6	培训持证	专业培训后，通过企业相关部门考核合格，持证上岗
7	状态检测	必须由工程管理部门定期组织开展
8	维修保养模式	预防性维护
9	检修、检测、备品计划	优先计划，并且有关键备品库存
10	设备标识牌（责任牌）	标识必须明显，状态清楚
11	故障处理权限	由工程管理部门指导进行故障处理
12	润滑管理	严格保证油品符合要求，加密油品检测，严格记录
13	报废审批	由工程管理部门组织相关部门、制造工序相关人员鉴定，上报企业决策层

表6-5 A级设备管理的内容

序号	内容
1	A级设备为重点关键设备，具有经济价值高、修复难、技术精度高等特点，是企业各部门管理的重点或难点，是企业管理的重点特护对象，是完成企业产品作业任务的重要保障，对A级设备的使用有特殊管制或要求
2	设备管理部门要建立企业关键设备台账，整理设备资料并存档。各制造工序负责人要建立关键设备运行、润滑、故障台账，并按月报送至设备管理部门
3	关键设备的备品备件必须数量充足、供应及时、库存科学合理。关键配件由设备管理部门工程师，根据设备的技术资料、厂家提供的技术支持，结合设备配件的经济因素，报请企业相关领导及部门，对重要配件进行损耗分析，并建立安全库存，以保证制造
4	关键设备的检修验收必须由设备管理部门工程师、各制造工序负责人及操作人员、检修人员确认，并有记录签字
5	严格执行持证上岗操作制度，操作人员必须经过岗位培训考核合格并有操作证。操作人员须选择责任心强和技术熟练的制造人员。设备专职点检人员和工程技术人员要对设备的性能、状态、精度、构造等进行学习，注重对点检技术标准、润滑给油标准、设备的技术标准以及维修作业标准进行学习
6	设备管理部门工程师每周对关键设备或非关键设备的关键点进行检查，发现隐患要及时组织处理，各制造工序负责人负责对关键设备进行重点巡检，发现问题及时处理，确保设备完好高效地运行。由设备管理部门组织相关部门及人员定期对设备进行评价工作，包括设备的技术状况指标、运行状态指标、产出产品的质量指标是否满足要求，同时总结设备运行指标和发展趋势，进行必要的状态检测定性分析
7	保证关键设备备机完好率为100%，设备利用率满足企业要求的指标，同时保证关键产品作业线设备运转率为100%

(续)

序号	内 容
8	对有备用机组的关键设备,应每月组织轮流使用
9	设备的润滑部位必须严格实行"五定"(定人、定点、定时、定质、定量)要求,而且每班有专人负责按照保养手册落实,严格填写规范的设备运行及检查润滑管理维护记录,做到严格保证油品符合要求并加密油品检测,且由设备管理部门监督汇总管理
10	严格执行设备运行制度、日常的润滑监测制度和设备运行动态点检制度,并且做到有记录可查,设备状态标识牌(责任牌)标识明显
11	按照手册规定,关键部件要定期精检、精调
12	日常维护保养不得随意拆卸部件,以免影响设备的精度和性能,清洁材料按说明书规定,不得随意代用,清洁过程严格按照清洁程序进行
13	设备管理人员对设备的运行情况和维修记录进行梳理,确定各设备各配件的更换周期,并对设备运行情况实施监测,确保设备一直处于可靠的状态。完成维修后,必须严格检查更换零部件的安装技术参数,在相关部门及人员检查验证合格后方可运行
14	结合设备的记录、运行特点、经常发生故障点,由设备操作人员或设备专职点检人员申报设备经常损坏的简单常用配件,设备管理部门审核后,进行一定数量的配件库存,便于及时更换,保证设备的稳定运行,防止问题扩大影响设备及产品质量
15	设备管理人员要及时掌握设备技术状态,采用诊断技术,实行状态监测、维修、及早发现异常,做好预防性维护措施。设备发生故障和事故后,必须第一时间报告上级设备主管部门,以便对设备故障的大小、严重性进行科学的处理
16	操作人员、专职点检人员要认真操作,精心维护。发生事故后,应立即停车保持现场,联系相关人员处理并逐级上报
17	严格执行设备点检的定人、定时、定点、定线路、定标的管理

表6-6　B级设备管理项目的确定

序号	管理项目	内 容
1	设备动态分析	由制造工序相关人员检查和考核,定期进行设备完整性分析和报告
2	设备前期购置	由工程管理部门组织可行性技术经济论证
3	设备技术资料档案	完善
4	运行、点检、润滑、动态	建立运行、检修、动态报表,填写信息
5	四定要求	定人、定机、定责、定标
6	培训持证	专门培训后上岗
7	状态检测	视情开展
8	维修保养模式	计划维修和预防性维护相结合
9	检修、检测、备品计划	正常计划
10	设备标识牌(责任牌)	视设备工作环境悬挂
11	故障处理权限	由维修部门进行故障处理
12	润滑管理	严格油品对路,定期监测
13	报废审批	各工序相关人员申报,工程管理部门鉴定,报部门领导确认

表 6-7 B 级设备管理的内容

序号	内 容
1	B 级设备是在制造中主要完成制造任务的物质基础的设备
2	B 级设备备品备件必须数量充足、供应及时,根据 B 级设备的记录、运行对制造的影响程度,以及配件通用性强、易采购的特点,结合设备配件的经济因素,报请企业相关领导及部门,建立一定量的库存,备品计划按企业规定正常处理
3	对有备用机组的关键设备,应每 30 天轮流使用
4	严格执行凭证操作制度,经常组织操作人员、专职点检人员对设备的操作和设备的相关标准进行学习和验证,必须选择责任心强、技术熟练的人员
5	设备管理部门工程师随机对主要设备进行检查,发现隐患要及时组织处理,各制造工序相关人员负责对主要设备进行巡检,发现问题及时处理,确保设备完好高效地运行。由工程部门组织相关部门及人员按照设备运行情况进行评价工作
6	基层设备管理部门要建立 B 级设备台账,各制造工序相关人员要建立设备档案
7	基层设备管理人员要对设备的运行情况、维修记录进行梳理,确定各设备各配件的更换周期,定期组织维修人员进行计划维修和预防性维修
8	设备润滑必须严格实行"五定"(定人、定点、定时、定质、定量),日常制造需填写规范的设备运行及润滑管理维护记录,做到严格保证油品对路,定期监测,且由设备管理部门监督管理
9	设备的检修验收必须由设备的专职点检人员、工程技术人员及检修人员确认,并有记录签字,报设备管理部门
10	保证关键设备备机完好率为 100% 和运转率为 100%
11	严格执行设备运行制度,设备标识牌(责任牌)视情悬挂
12	严格执行设备点检的定人、定时、定点、定线路、定标的管理

表 6-8 C 级设备管理项目的确定

序号	管理项目	内 容
1	设备动态分析	视情进行完整性分析
2	前期购置	由使用单位提出计划,不需论证
3	技术档案	按需
4	运行、检修、动态	建立运行检修动态报表,记录信息
5	四定要求	定机、定责、定岗、定责
6	培训持证	岗位培训后持证上岗
7	状态检测	不开展
8	维修模式	事后维修
9	检修、检测、备品计划	视情计划
10	设备标识牌(责任牌)	可不挂牌
11	故障处理权限	由维修部门进行故障处理
12	润滑管理	按需润滑
13	报废审批	由使用单位提出申请

第六章 设备分级与设备树系统

表6-9 C级设备管理的内容

序号	内　　容
1	C级设备为辅助制造设备，是企业制造活动中的一般设备，这类设备可以方便地从市场上采购，可以及时更换
2	设备管理人员针对设备的运行情况，判定设备故障后指导维修人员处理，可以事后维修
3	由制造工序相关人员完成日常巡检，发现问题及时处理
4	严格执行操作制度
5	根据C级设备的记录、运行对制造的影响程度，结合C级设备配件通用性强、易采购的特点，备品备件可以从市场上直接采购，不做备品备件的库存
6	日常制造需填写规范的设备运行及润滑管理维护记录，可以按需润滑，且由工程管理部门监督管理，设备润滑按年度进行计划
7	由制造工序相关人员建立本部门一般设备台账和设备档案
8	一般设备检修验收，由维修人员和制造工序相关人员确认
9	设备操作人员在日常检查过程中要积极主动，发现隐患后应及时停机，报技术工程部门处理，可以不用开展状态检测

第二节　设备树系统

一、设备树系统的分布

产品作业线、产品工艺流程以及产品作业设备的流程，对于初学者来说很容易混淆，因此要清楚产品作业线系统和产品工艺流程的含义，并能够绘制产品作业线设备的流程分布图。

产品作业线系统是指由多个产品作业线组成的系统的统称。

案例6-1：某钢铁企业的产品作业线系统由该企业的多个产品作业线组成。其产品作业线的名称见表6-10。

表6-10 某钢铁企业产品作业线的名称

序　号	作业线的名称
1	炼钢一分厂
2	炼铁一分厂
3	连续铸坯线
4	初轧一分厂
5	热连轧线
6	热轧切板精整线
7	螺旋焊管线
8	冷轧一分厂

(续)

序　号	作业线的名称
9	冷轧精整1号线
10	钢管分厂
11	连续酸洗一号线
12	连续退火生产线
13	电镀锌机组
14	中后板精整线
15	烧结一分厂
16	烧结二分厂
17	烧结三分厂
18	冷轧精整2号线
19	电镀锌剪切线
20	大型型钢分厂
21	锻接钢管线
22	炼铁四分厂
23	炼钢二分厂
24	初轧二分厂
25	连续酸洗二号线
26	热轧钢卷精整线
27	电焊钢管分厂
28	厚板分厂
29	冷轧二分厂
30	线材分厂

产品工艺流程是指从原材料投入开始，直至作业出产品过程中的各个作业工序的步骤流程。

案例6-2：某企业的冷拔油缸的制作工艺流程。其缸体制作工艺流程如图6-1所示，活塞杆制作工艺流程如图6-2所示，油缸总成制作工艺流程如图6-3所示。

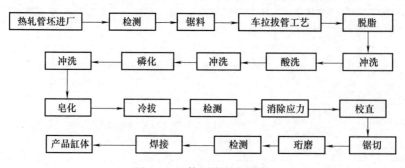

图6-1　缸体制作工艺流程

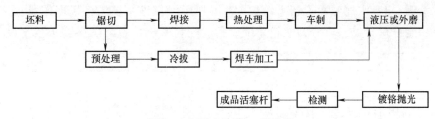

图 6-2 活塞杆制作工艺流程

图 6-3 油缸总成制作工艺流程

对于产品作业线设备的流程分布,以缸体制作的设备流程分布为例,有横向式的设备分布(见图 6-4)和纵向式的设备分布(见图 6-5)。

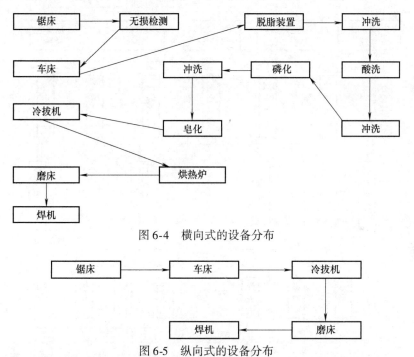

图 6-4 横向式的设备分布

图 6-5 纵向式的设备分布

二、设备树系统的建立

1. 设备树的含义

设备树是一个假想的、虚拟的设备构造形象,是指在企业作业产品设备系统组成中,根据设备的功能、构造、组成等依次逐层分解为单个零件,形成的树枝网状示意结构形式。

案例 6-3：水泥熟料设备系统如图 6-6 所示。在该系统中，根据作业工序的设备功能进行分类，可分为取料系统设备、配料系统设备、物料输送系统设备、

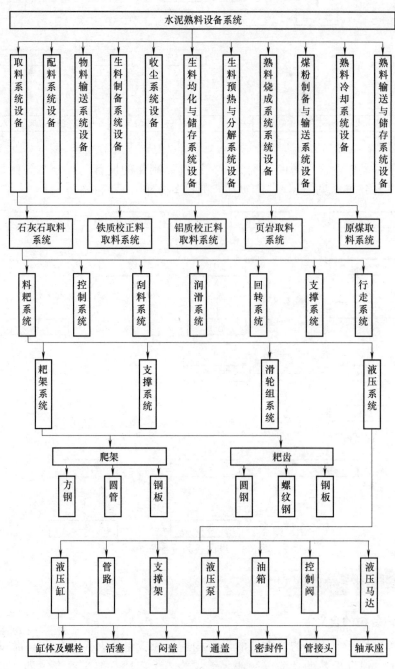

图 6-6 水泥熟料设备系统

生料制备系统设备、收尘系统设备、生料均化与储存系统设备、生料预热与分解系统设备、熟料烧成系统设备、煤粉制备与输送系统设备、熟料冷却系统设备、熟料输送与储存系统设备等。

1) 对系统功能设备进行逐项分解,如取料系统可以分解为石灰石取料系统、铁质校正料取料系统、铝质校正料取料系统、页岩取料系统、原煤取料系统等。

2) 根据设备的功能构造进行分解,如石灰石取料系统可以分解为料耙系统、控制系统、刮料系统、润滑系统、回转系统、支撑系统、行走系统等。

3) 根据设备的构成进行分解,如液压系统可以分解为液压缸、管路、支撑架、液压泵、油箱、控制阀、液压马达等。

4) 对单个的设备进行分解,如液压缸可以分解为缸体及螺栓、活塞、闷盖、通盖、密封件、管接头、轴承座等,最终分解为单个的零件。

2. 设备树的构成

设备树主要由产品及工艺作业流程、产品作业线、作业线上的设备构成。

3. 设备树的分解

企业的设备树系统中,产品作业线设备系统(树干)通常由系统设备(主干)组成,系统设备(主干)通常由机器(枝干)组成,机器(枝干)通常由设备(分枝干)组成,设备(分枝干)通常由部件(叶杆)组成,部件(叶杆)通常由零件(树叶)组成。每层结构都是具有一定功能和作用的组合体,是多层多结构多功能的统一体。设备树的分解见表6-11。

表6-11 设备树的分解

序号	类别	内容	备注
1	产品作业线设备系统	是指在产品作业线上,为了共同完成对原材料物质和形态的改变和输送最终形成产品的过程中,由具有不同功能和作用的系统设备组成的一个系统整体	如水泥熟料产品作业设备系统主要由取料系统设备、配料系统设备、生料制备系统设备、生料均化与储存系统设备、生料预热与分解系统设备、熟料烧成系统设备、煤粉制备与输送系统设备、熟料冷却系统设备、熟料输送与储存系统设备等构成,是一个完整的产品作业设备系统。产品作业设备系统是构成设备树的树干
2	系统设备	是指在产品作业线上,对原材料的性质和状态改变及输送过程中,起某种作用和功能的一组或多组设备构成的一个整体	如水泥熟料产品作业线上的取料系统由石灰石取料系统、页岩取料系统、原煤取料系统、铁质校正料取料系统、铝质校正料取料系统等构成。系统设备是构成设备树的主干
3	机器	是指由一个或多个具有不同功能和作用的设备组成的具有多功能于一体的一个整体	如石灰石取料机就是一台机器,它由料耙系统、控制系统、刮料系统、回转系统、润滑系统、支撑系统、行走系统等构成。机器是构成设备树的枝干

(续)

序号	类别	内　容	备　注
4	设备	是指具有某种功能的一组或多组部件的组合	如在料耙系统中，它由耙架系统、液压系统、支撑系统、滑轮组系统等构成，每个系统都有独立的功能和作用，通过各自功能的组合来共同达到一个综合功能的目的。设备是构成设备树的分枝干
5	部件	是构成设备动作的基本单元，具有一定的功能，设备通常是由一组或多组部件构成的统一体	部件是设备树的叶杆
6	零件	是构成部件的最小单元。零件与部件不同，部件是具有一定的功能，但零件不全是	零件是构成设备树的树叶，也是设备树的基本组成单元。最小维修单元是维修作业时能够维修的最小单位，一般是指无法再拆解的零件，但根据各单位的实际情况，在以下情况下也可将组件定义为最小维修单元： 1）本单位无能力继续分解的组件，或厂家提供的装配好的配件或成套组件 2）继续分解无经济效益的组件

设备管家对设备树管理的基础是设备树的分类、构成和分解，如图6-7所示。

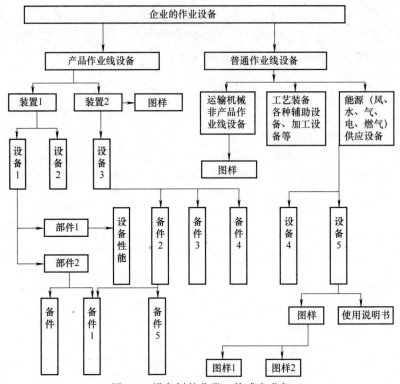

图6-7　设备树的分类、构成和分解

三、企业设备树层级结构的组成

设备树层级结构的组成见表6-12。由此可知,设备管家在认识设备过程中需要经历两个阶段,即设备树的管理基础和设备树的层级管理机构。这是认识设备和了解设备的基础内容,也是对设备管家必备的专业素质要求。

通过了解设备树的管理基础,要求设备管家明白什么是产品及工艺作业流程、什么是产品作业线、什么是作业线上的设备等基本内容,指引设备管理的初学者了解产品工艺,了解设备的分类、分布、作用和性能。

通过了解设备树的层级管理结构,要求设备管家了解单体独立设备及其设备的功能、部件和备件,以使设备管家以及设备管理初学者进一步深入了解设备的内部构成、功能、组成和作用。

表6-12 设备树层级结构的组成

阶段	层级	名称	定义	示例
设备树的管理基础	1	产品及工艺作业流程	主要是指各种货物类企业或服务类企业的合同、订单的"标的物",即企业产品及其制作工艺流程或作业路线	货物类企业产品的工艺流程或服务对象的作业路线
	2	产品作业线	主要是指企业提供产品的制作从输入(或原材料)经过不同的工艺流程到输出(或产成品)这样的一条流水线	货物类企业或服务类企业的产品作业线或普通作业线
	3	作业线上的设备	主要是指设备,不论其"高、大、精、尖"与否,只要它在产品作业线上、在制作产品的过程中,缺少它就会停产的,就称为产品作业线设备。除此之外,其他的设备一律称为普通作业线设备或非产品作业线设备	货物类企业、服务类企业都有产品作业线设备和普通作业线设备
设备树的层级管理结构	4	单体独立设备	是指在各种不同作业线上需要实施设备MRO管理的,具有完整、系统功能的单体且独立的设备	—
	5	设备的功能	是指组成单体独立设备重要系统功能的部分	执行部分、原动机部分、传动部分、润滑部分、其他部分
	6	部件(最小维修单元)	由一个或多个零件组成,在设备维护、维修时作为一个整体来对待	—
	7	备件	是指设备"最小维修单元"中不可拆卸的单元	易损、易耗零件

案例6-4:发电机设备树层级结构的组成见表6-13。

表6-13　发电机设备树层级结构的组成

层级	名称	内容					
4	单体独立设备	动力机组中的发电机					
5	设备的功能	执行部分	原动机部分	传动部分	润滑部分	控制系统	其他部分
6	部件（最小维修单元）	定子、转子、励磁器	属于独立系统（不在此列）	齿轮箱、输入轴、联轴器、输出端	油泵、过滤器、润滑油箱、冷却器	控制元件、驱动器件、自备电源、检测仪器、传感器件	冷却系统、电动泵、热交换器、过滤器、空气净化器
7	备件（易损、易耗件）	线路元件、接线盒、径向轴承、推力轴承		径向轴承、推力轴承、密封件、齿轮、轴	控制阀门、管路器件、密封件	控制阀门、管路器件、线路元件、标志件、密封件	散热风扇、控制阀门、管路器件、箱体等

设备的功能见表6-14。

表6-14　设备的功能

序号	分类	功能
1	原动机部分	机器完成预定功能的动力源，常见的有电动机、内燃机等
2	传动部分	连接原动机和执行部分的中间部分
3	执行部分	完成预定的动作，位于传动路线的终点
4	传感部分	将机器的工作参数（位移、速度、加速度、温度、压力等）以相关的电气参数（电流、电压、电阻等）反馈给控制部分
5	控制部分	保证机器停止、起动和正常协调工作
6	辅助部分	包括机器的润滑、显示仪表、照明等，也是保证机器正常运作不可缺少的部分
7	机器的用途	移动物体、转换能量形式、成形、获取信息、处理信息等
8	机器的要求	在满足预期功能的前提下，要求性能好、效率高、成本低，造型美观，在使用期内安全可靠、操作方便、维修简单
9	具体要求	使用功能、经济性、安全环保、可靠性要求以及其他要求，如效率、寿命、成本、重量、制造、使用、维修、安全、外观、噪声、影响环境等
10	设备管控的任务	维护产品作业线设备，确保"全力有效地为产品服务，努力使用户满意及其价值最大化，为企业的发展提供强有力的保障"

单体独立设备的组成如图6-8所示。

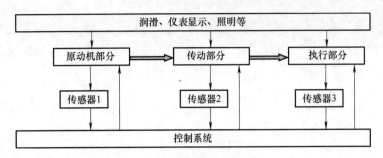

图 6-8 单体独立设备的组成

案例 6-5:某水泥公司对烧成设备回转窑系统设备进行维修时,回转窑系统设备最小维修单元分解见表 6-15。

表 6-15 回转窑系统设备最小维修单元分解

序号	系统部件	大部件	中部件	小部件	小结构件	零件	最小维修单元
1	筒体	筒体					筒体
		轮带					轮带
		轮带垫铁					轮带垫铁
		挡铁					挡铁
2	动力系统	电动机	定子	线圈			线圈
				定子槽			定子槽
			转子	转轴			转轴
				转辊			转辊
			轴承座				轴承
			端盖				端盖
			测速				测速
			接线盒				接线盒
			滑环	电刷			电刷
				滑环架			滑环架
		冷却风机	电动机	电动机	定子		定子
				转子	转轴		转轴
					转辊		转辊
				轴承			轴承
				端盖			端盖
				接线端子			接线端子
			风机	壳体			壳体
				叶轮			叶轮
				叶轮轴			叶轮轴
				轴承			轴承
				端盖以及螺栓			端盖以及螺栓
				支撑架			支撑架
			联轴器	胶块			胶块
				柱销螺栓			柱销螺栓

(续)

序号	系统部件	大部件	中部件	小部件	小结构件	零件	最小维修单元
3	传动系统	减速器	联轴器	两个半连接盘			两个半连接盘
				胶块			胶块
				柱销螺栓			柱销螺栓
			壳体	上壳体			上壳体
				下壳体			下壳体
				游标孔			游标孔
				加油孔			加油孔
				透气孔			透气孔
				上壳体			上壳体
			齿轮组	直齿轮	Ⅰ高速轴直齿		Ⅰ高速轴直齿
					Ⅱ轴直齿		Ⅱ轴直齿
					Ⅲ轴直齿		Ⅲ轴直齿
					Ⅳ轴直齿		Ⅳ轴直齿
				齿轮轴	Ⅰ轴		Ⅰ轴
					Ⅱ轴直齿		Ⅱ轴直齿
					Ⅲ轴		Ⅲ轴
					Ⅳ轴		Ⅳ轴
			键		键		键
			轴承组	圆锥滚子轴承组	Ⅰ轴承		Ⅰ轴承
				双列圆柱滚子轴承组	Ⅱ轴		Ⅱ轴
					Ⅲ轴		Ⅲ轴
					Ⅳ轴		Ⅳ轴
			附件	润滑系统	进油管道		进油管道
					回油管道		回油管道
					阀门	阀芯	阀芯
						阀体	阀体
					仪表	测温	测温
						测压	测压
					油泵	壳体	壳体
						齿轮组	齿轮
							齿轮轴
						轴承	轴承
						联轴器	联轴器
						胶块	胶块
						键	键

(续)

序号	系统部件	大部件	中部件	小部件	小结构件	零件	最小维修单元
3	传动系统	开式传动组	小齿轮组	齿轮轴			齿轮轴
				齿轮			齿轮
				轴承座			轴承座
				端盖	闷盖		闷盖
					通盖		通盖
				轴承			轴承
			大齿轮组	齿轮			齿轮
				弹簧板			弹簧板
				连接螺栓			连接螺栓
				定位螺栓			定位螺栓
4	支撑系统	托轮组	托轮	托轮轴			托轮轴
				托轮座			托轮座
				托轮瓦			托轮瓦
				油勺			油勺
				冷却水管			冷却水管
				导油槽			导油槽
				支撑架			支撑架
				端盖	通盖		通盖
					闷盖		闷盖
				密封件			密封件
				螺栓			螺栓
				托轮轴			托轮轴
5	挡轮系统	液压挡轮	挡轮盘				挡轮盘
			导向轴				导向轴
			轴承座				轴承座
			轴承组	圆柱滚子轴承			圆柱滚子轴承
				推力轴承			推力轴承
			润滑组	油管			油管
				加油泵			加油泵
			月牙形定位挡铁				月牙形定位挡铁
			油缸	缸体			缸体
				活塞			活塞
				密封件			密封件

（续）

序号	系统部件	大部件	中部件	小部件	小结构件	零件	最小维修单元
5	挡轮系统	液压挡轮	液压站	柱塞泵	联轴器		联轴器
					键		键
					传动轴		传动轴
					轴承		轴承
					柱塞		柱塞
					偏向盘		偏向盘
					调节手柄		调节手柄
				阀门	阀芯		阀芯
					阀体		阀体
				管道			管道
6	密封系统	窑头密封	密封片				密封片
			法兰				法兰
			石墨密封条				石墨密封条
			钢丝绳				钢丝绳
			滑轮				滑轮
			配重				配重
			螺栓				螺栓
		窑尾密封	活动密封板	汽缸	缸体		缸体
					活塞		活塞
					端盖		端盖
					密封件		密封件
					缸体		缸体
				气管			气管
				拉杆			拉杆
				阀门	阀芯		阀芯
					阀体		阀体
			固定密封板				固定密封板

第七章

建立企业作业设备基础数据库及设备管理信息化

本章主要学习建立企业作业设备基础数据库的相关知识,提要见表7-1。

表7-1　第七章提要

本章的内容是指导设备管家建立作业设备基础数据库的方法和步骤,主要是要弄清基本数据和基础数据的定义、内容、构成和分类,以便进行设备故障统计与分析,从而根据设备故障选择维修策略

通过对本章的学习,设备管家在日常工作中,要明白应对哪些设备的有关基础数据进行记录、统计、整理、分析和总结,通过总结设备管理过程中存在的规律和不足,及时纠正存在的错误

第一节　建立作业设备的基本数据

一、设备管家对基本数据建立的要求

作为企业设备管家的设备操作人员、专职点检和工程技术人员,在企业的设备管理中对"H"阶段(即准备阶段)的定位,要求明确做好管理设备保障工作的手段,使产品作业线设备源源不断地输出产品,并满足产品的作业要求。

在当今的信息化时代,企业的设备管家在"H"阶段需要确立管理设备信息共享的环境。设备管家对基本数据建立的要求见表7-2。

表7-2　设备管家对基本数据建立的要求

序号	分类	内容
1	建立作业设备基本数据是信息共享的需要	"三位一体"的基层设备管家通过对作业设备基本数据的建立,形成信息共享:一方面,既便于设备管家之间的信息共享,也便于企业设备决策层的信息共享,同时也便于设备制造商或设备维修商对设备信息资源的共享;另一方面,通过对基本数据的记录,能够及时对照设备的性能、状态、精度和效率的变化,为设备点检的技术标准、润滑标准、维修标准及维修作业标准的建立积累数据信息

(续)

序号	分 类	内 容
2	建立作业设备基本数据是设备管家日常管理的需要	不同的企业在各个时期要完成"作业计划任务"（即企业要交付的订单，要完成的合同，要实施作业的数量、质量、交货期和用户的需求）需要配置相应的设备，同时作为企业的设备管理人员首先必须要学习、了解并熟悉掌握该"作业计划任务"的工艺流程和完成该"作业计划任务"必须配备的产品作业线设备的一些基本信息 　　企业里的产品作业设备是产品制造和物流输送的"母机"，在企业中它的投资金额是最大的，使用稳定性好，对产品的影响也是最大的。如果企业设备管家缺少对"母机"的有效管理，那么它们就制造不出优质的产品。这就像我们生活中的一个孕妇，如果这个孕妇经常生病吃药（相当于设备隐患出现）、打针（相当于设备出现故障后的抢修）是不能生出健康的宝宝（相当于作业产品）来的。要想生出健康活泼的宝宝，就必须定期、定点去做保健检查（相当于对设备进行日常维护），从营养膳食结构、生活卫生习惯、心里抚慰调节、预防保健以及分娩过程等诸多方面进行规范化的管理，给予孕妇更多的关心照顾，减少或避免孕妇生病、打针、吃药或其他意外事故的发生，只有这样通过对孕妇的一系列健康保健系统性管理，才能生出健康活泼的宝宝 　　因此，企业设备管家的工作性质与医生是一样的，医生需要熟悉病人的一些基本资料，以便于通过分析、诊断和医治等一系列医学管理手段来治好病人。同样，设备管家也必须熟悉设备的各种基本数据，以便于预防和处理设备作业过程中出现的各种问题，做到标本兼治
3	建立作业设备基本数据是企业设备管理改善和提高的需要	当前企业的外部竞争压力越来越大，但最终的企业竞争压力表现为各企业内部的竞争，如何提高企业对内、外部风险的管控能力，竞争的动力来源于企业的内部管理。企业重视内部管理可提高在外部的竞争优势。因此，重视设备管理是为了更好地对企业的作业产品或服务对象进行管理和服务 　　当然作为企业的设备管家在为作业产品或服务对象进行管理的过程中，要对所管理的设备对象的数据信息进行收集、整理、归类，这样便于以后对数据信息的查找和分析，达到处理、改善和提高的目的。通过建立设备的一些基本数据便于今后更好地对设备的管理进行优化、创新，使企业对作业设备的管理再上一个新台阶。因此，作为企业的设备管家要对作业设备的基本数据进行有计划的管理
4	建立作业设备基本数据是发展我国设备管理体系和提高我国企业整体设备管理水平的需要	通过将各单台作业设备建立的基本数据信息汇总后形成系统的数据信息，运用现代信息管理手段再将其他设备管理的成熟经验经过不断优化和创新等方面的信息收集汇编，逐步建立并形成我国现代企业设备管理服务的设备体系，提升各行业的设备管理水平，促进社会进步

二、作业设备的基本数据

作业设备基础数据的分类见表7-3。

表7-3 作业设备基础数据的分类

序号	分类	内容	备注
1	基本数据的含义	基本数据是指在企业所拥有的所有设备资产的总称,它包含产品作业线设备和普通作业线设备的数据信息	企业设备资产管理中的基本数据很多。设备资产包括产品作业线上的设备和普通作业线设备等
2	基础数据的含义	基础数据是指在产品作业线上设备资产的数据信息	在企业设备资产中作为企业的设备管家要善于抓住一些主要的基本数据进行管理,即对产品作业线设备的基本数据进行日常管理(基础数据的管理)。通常是由设备操作人员、设备管家或设备管理系统人员、工程技术人员进行相应管理,逐步形成"三位一体化"的设备管家管理体系

企业作业设备的基础数据包括设备基本信息、历史状态信息、历史故障信息、设备保养记录、设备维修记录、设备大修记录等构成的物料清单,如图7-1所示。

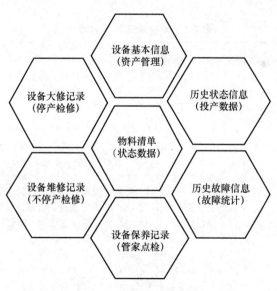

图7-1 企业作业设备的基础数据

企业设备管家日常要对产品作业线设备的状态控制点进行跟踪、记录、分类、归类、整理统计与分析等管理过程。收集产品作业线设备基础数据的作用见表7-4。

表7-4 收集产品作业线设备基础数据的作用

序 号	内 容
1	通过对作业设备基础数据的收集，便于对设备出厂提供报告的数据进行核实，并与设备选型购置的合同约定的数据指标对应起来，是企业设备管家必须要了解的内容
2	通过对产品作业线设备基础数据的收集，为设备的技术改造或设备制造商在设备设计、制造、安装、试机等环节提供数据支撑
3	通过作业线设备基础数据的收集，便于对作业设备的历史信息进行对照，能够发现作业设备的性能、效率、精度或功能等参数的变化趋势，从而提供数据判断的基准，为该设备的维修策略提供依据
4	通过作业线设备基础数据的收集，为设备管理决策提供数据说明
5	通过作业线设备基础数据的收集，能够分析总结出设备寿命周期和故障规律，便于对设备进行超前管理活动，避免设备提前出现故障或事故

第二节 设备基础数据的构成

企业作业设备的基础数据包括设备基本信息、历史状态信息、历史故障信息、设备保养记录、设备维修记录、设备大修记录等构成的物料清单。设备基础数据的管理见表7-5。

表7-5 设备基础数据的管理

分 类	项 目	内 容
1. 设备基本信息（资产管理）	设备基本信息的概念	设备基本信息即资产管理，是指企业所拥有的设备资产的构成和资产设备的基本参数总称。在横向上是指构成资产的设备的种类和数量，在纵向上是指每台设备的基本参数
	设备基本信息的管理	设备基本信息管理是指设备资产投资计划管理（选型、设计、购置等）、增加、入账、转固、改造、调剂、出租、出售、馈赠、托管、租赁、闲置、封存、更新、报废及处置、盘点等一系列管理活动过程
		对企业产品作业线设备资产管理的方式是建立设备管理台账。设备台账的内容通常包括购置合同书编号、设备名称、规格或型号、单位、数量、制造厂家、出厂编号、出厂或制造日期、购置日期、合格证（出厂检验证）、安装单位、安装年月或投入使用年月、安装地点、使用部门、设备类别、资产编号、外形尺寸、重量、设备资产价值额及其构成、账面原价、使用年限、折旧年限、工艺名称、工艺编号、设备附属设备规格型号、设备主要参数、特种设备注册号或使用证号、特种设备安全附件情况、特种设备检验周期等
		例如，某水泥企业设备基本信息的构成如图7-2所示

(续)

分 类	项 目	内 容
2. 历史状态信息（投产数据）	历史状态信息的管理	历史状态信息管理是指对产品作业线每台设备从选型、设计、制造出厂后的原始性能参数信息，到安装后的试车性能参数和状态参数信息以及使用过程中发生的一系列设备管理活动（包括日常作业设备的故障统计），以及维护保养中检查、紧固、调整、清洗和润滑等以及各种不同类别的维修记录（含更换的部件和油脂及维修前后性能参数和状态参数等各种数据记录）总称
		设备技术资料通常指设备图样、设备说明书、设备点检标准、状态监测标准、设备润滑标准、设备维护标准、通用维修技术标准、专用维修技术标准、零部件标准等［提示：当设备制造商采用第三方标准零部件（如轴承、PLC、继电器）时，应提供主机厂零部件与第三方部件的编号对照表］
	历史状态信息的概念	历史状态信息即投产数据，是指产品作业线设备安装后调试阶段对设备性能参数和状态参数进行记录，包括设备出厂验收报告以及投产前设备基本数据等的记录。企业的设备管家对设备出厂报告以及使用前数据需要进行认真的核对
	历史状态信息内容的分类	性能参数是指在根据作业产品的工艺作业要求（产量、质量、安装条件、购置成本等）条件下通过企业内部综合权衡，在设备选型阶段所要确立作业设备达到的主要指标。如工况指标（设备运行中的工况和各项主要的性能指标）
		状态参数是指在作业设备安装后，在满足试车条件下，对设备关键部位设备状态控制点进行试车运行，并对作业线设备关键部位状态控制点的状态控制点在运行中表现的状态参数进行记录整理。如振动（水平、径向、轴向）、温度、油液、声波、强度、压力、电气参数（电流、电压、电阻、功率、电磁特性、绝缘性能等）、流量、差压、间隙、表面状态（裂纹、变形、点蚀、剥落腐蚀、变色等）、无损检测（射线、超声、磁粉场、渗漏、涡流）等。如在5000t/d的水泥熟料制造线建成投产前对大型风机试车时，通过对离心风机入口处风门开度的调节变化与电动机电流、风机轴承座振动以及温度的变化进行试车检查并记录，来衡量风机制造和安装的质量要求是否合格；对联轴器找正数据与实际风机运行的状况进行记录
		精度参数通常指加工精度、表面粗糙度、平行度、圆度、同轴度等
	对设备历史状态信息收集的作用	通过对设备历史状态信息的收集，便于对设备出厂时提供的数据进行核实，并与设备选型购置合同约定的数据指标进行对应，是企业设备管家必须要了解的设备基本数据
		通过对设备历史状态信息的收集，便于对作业设备制造和安装质量验收，以及为日后作业设备的维修提供检验标准
		通过设备历史状态信息的收集，便于日后在作业制造中对设备功能、技术或状态参数的变化趋势提供数据判断的基准，以及为该设备的维修策略提供依据
		如在5000t/d的水泥熟料作业线设备安装后，在投产前由设备供应方、设备安装方、设备监理方以及设备使用方这四方共同对设备进行静态和动态的验收并对检验的数据进行记录、会签、存档；部分大型作业设备如回转窑、立磨、煤磨、入窑（库）提升机等在安装设备基础时就要求四方共同到现场组织边安装边验收，即组织安装过程的验收，对各种数据进行记录、汇总、会签等企业设备信息构成图

(续)

分类	项目	内容
3. 历史故障信息（故障统计）	历史故障信息的概念	故障的含义是指当机器的一个部件或组件劣化或出现可能导致机器失效的反常状态时，不能执行规定功能的状态 故障统计是指在产品作业线上的设备从试车到正常作业过程中所发生各种异常故障现象导致停机的各种行为并进行分门别类记录汇总
	历史故障信息的内容	1）通常统计发生故障的设备名称、工艺编号、故障部位时间和频次、故障产生的现象、故障的原因、处理措施和时间、防范措施的落实、故障率、平均故障间隔期、故障产生的费用以及产生故障分类等 2）对设备故障产生的原因分析统计。在企业里并不是所有的故障都是由设备产生的。设备产生故障的原因很多，如设备设计存在缺陷、加工工艺选用存在不足、材质选用不当、安装的原因、使用中因设备管理不善等，这些故障也可按专业类别分为机械故障、电气故障、工艺故障，需要对设备故障的各种原因进行统计并逐一分析 3）故障的分类。 ① 按设备故障率浴盆曲线（见图 7-3），故障可划分为早期故障、偶发故障和耗损故障 　a. 早期故障期，也称磨合期，该时期的故障通常是由于设计、制造及装配等问题引起的。随运行时间的增加，各机件逐渐进入最佳配合状态，故障率也逐渐降至最低值 　b. 偶发故障期，也称随机故障期，该时期的故障是由于使用不当、操作疏忽、润滑不良、维护欠佳、材料隐患、工艺缺陷等偶然原因所致，没有一种特定的失效机理起主导作用，因而故障是随机的 　c. 耗损故障期的故障是由于机械长期使用后，零部件因磨损、疲劳，其强度和配合质量迅速下降而引起的，其损坏属于老化性质 ② 按发生故障的原因分类： 　a. 工艺故障是指在产品作业的过程中物料在前后不同工序之间的作业过程，既是产品作业过程同时也是物流输送的过程。工艺故障是由于物流输送原因（堵料、少料、缺料等）而导致产品作业设备产生停机的，但设备的功能没有损失 　b. 机械故障包括早期故障期、偶发故障期和耗损故障期等，故障的原因主要在于管理原因和技术原因两大类，主要是指在设备的性能、状态、精度、效率等方面产生异常的变化，故障部件的表现形式主要是磨损、断裂、开裂、变形、腐蚀、疲劳等 　c. 电气故障是由于在作业设备的动力、状态检测（测振线头松动导致设备跳停）或设备自动化保护装置失灵导致设备停机的现象 　d. 其他故障是指管理不善导致的人为故障等
	历史故障信息的作用	1）通过对设备故障的统计，有助于设备管家了解哪些设备或部位是容易出现故障的，便于设备管家对易出现故障的设备或部位进行重点监控管理，便于对设备故障规律的建立和检修备件提供准备的依据，为日后对易出现故障的设备或部位的维修策略提供基础。如通过统计石灰石堆料机传动带磨损更换的记录，发现堆料机传动带的更换周期，为资财的提前准备以及维修策略的确立提供数据支撑

（续）

分 类	项 目	内 容
3. 历史故障信息（故障统计）	历史故障信息的作用	2）通过对设备故障的统计，分析故障产生的具体原因，对原因进行科学客观的分析、拟定整改措施，按过程管理的方法组织实施，使管理方法和手段不断进行改善、优化和逐步提高对设备管理的决策能力。明确设备故障的管理原因和技术原因，便于日后纠正、改善和逐步提高，从而减少设备故障的发生。如通过对水泥熟料产线篦冷机设备的一段活动梁和活动框架连接制作螺栓频繁断裂的分析，在设备操作管理上进行优化，仍然不能起任何作用；通过对活动梁与活动框架增加支撑，改变篦冷机频繁故障的发生，为稳定产品作业创造了条件
		3）通过对设备故障的统计，有利于设备制造企业对设备的改进设计，促进制造加工工艺、材质选用、结构优化等，提高了设备制造企业的水平
	设备故障层级的分类	机械故障是指设备的机械组件或部件失效等引起的设备停机维修的故障，通常主要是磨损、断裂、开裂、疲劳、腐蚀等表现形式，如断轴、齿轮折断、轴承保持架损坏等
		电气故障通常是指设备的电气自动化装置、仪器仪表、监测装置、设备保护装置、电力操作柜等引起的故障，如系统跳闸、设备保护误动作、检测装置失灵等
		工艺故障通常是指堵（卡）料、耐火材料脱落（回转窑内耐火砖、分解炉浇注料等）、耐磨材料脱料（气体输送管道内壁的耐磨材料等）等
		其他故障通常是指不属于以上三类故障之外的其他因素引起的设备停机性故障，如供电部门的例检停电、市场产品滞销原因造成的停机 设备故障层级的分类如图7-4所示
4. 设备保养记录（管家点检）	设备保养记录的概念	设备保养记录是指现代企业里的设备管家在日常工作中对作业设备组织维护性的管理活动，即通过对人员的合理组织在时间和空间上布置上形成"三位一体"的对作业设备进行检查和维护的管理活动中所形成的各种记录，是设备管家日常管理的主要内容，即提前预知设备运行情况和存在的隐患，为以后计划处理赢得时间的准备工作 设备保养主要是利用人体的感官（看、闻、摸、嗅、味）或借助检测工具、检测设备仪器等，按照规定的标准（定点、定标、定期、定法、定人的"五定"）对设备进行检查或监测，及时发现并深入了解设备劣化信息现象和进行趋势分析，对故障隐患原因进行分析并采取改善对策，进行预防性维修，将设备隐患消灭在萌芽状态的一种管理方法
	设备保养的组织准备	1）人员的组织：设备操作人员、企业设备管家、工程技术人员全网络覆盖的人员组织管理
		2）时间上组织：采取有效的时域管理，利用设备工作期间的动态检查，检查振动、声音、温度、电流、流量、速度等，以及在设备停机非工作期间组织人员对设备进行静态的检查
		3）空间上组织：根据作业设备的工艺空间布局以及设备故障停机情况进行有计划的维护管理；贯穿全员设备管理的思想，通过实行全员、全过程、全时域计划性点检检查；对作业设备点检过程中发现的隐患，进行记录分类及分析其发展程度对产品作业的影响，加强对作业设备的日常检查、紧固、调整、润滑、清洗等，使设备隐患控制在一定范围内，为检修赢得足够的准备

（续）

分类	项目	内容
4. 设备保养记录（管家点检）	设备保养记录的内容	1）点检的内容：什么人、什么时间、对什么区域的设备进行点检，点检哪些部位（原动机部分、执行部分、传动部位、润滑部分、检测部分、支撑部分、保护部分及其他部分等），用什么检测工具，点检哪些状态，点检的方法 ① 什么人是指安排谁去参加对设备的点检检查，而且要具备一定的素质和技能要求 ② 什么时间是指在什么时间周期内或时间点内进行点检的要求，走怎样的巡检路线可最大限度地提高巡检效率 ③ 什么区域的设备点检是指根据产品作业工艺布置的要求对设备进行的有计划、有目的的检查，通常是安排周期性检查或是根据设备故障频次多少进行安排以及对有潜在隐患的设备进行重点监控，如对高空偏远设备进行周期性点检，对经常容易出现故障的设备增加点检频次和提高对点检人员的技能要求，对有潜在隐患的设备进行重点点检监控 ④ 点检部位是指明确对点检对象的具体安排，任何设备基本上由执行部分、原动机部分、传动部分、润滑部分、支撑部分、电气仪表自动化部分、其他部分等构成。作为对该设备点检的人员要知道对哪些部位进行检查 ⑤ 点检工具是指对设备点检时需佩戴的具体工具，如测温仪、测振仪、测流量仪、测压仪等 ⑥ 点检方法有传统点检和精密点检两种 传统点检是指靠人的视觉、听觉、触觉、嗅觉、味觉感觉出来的 精密点检是利用精密仪器对点检部位的测量和诊断，如测振、测温等 ⑦ 点检状态如振动的大小、温度的高低、压力的多少等 2）点检方式的分类： ① 按时间分类：定期点检、季节点检等 ② 按岗位要求分类：定岗点检、定人点检、定区域点检等 ③ 按专业分类：机械点检、电气仪表自动化点检、工艺点检等 ④ 按点检的形式：自检、互检、综合点检等 3）点检内容记录的形式分为两种： ① 表格化形式 ② 随机记录的形式 4）点检的各种标准：点检的周期标准、人员素质标准、点检内容记录标准、点检内容的工作标准（设备技术资料，通常指设备图样、设备说明书、设备点检标准、状态监测标准、设备润滑标准、设备维护标准、通用维修技术标准、专用维修技术标准、零部件标准等），设备操作规程、点检标准、润滑标准、维护标准等
	建立设备保养记录的作用	1）通过对设备的点检详细了解并进行设备动态运行状态的监控和数据的采集 2）通过点检提前预知设备状况，为对设备组织维修赢得时间 3）通过不断地对设备进行点检，也是对设备不断了解、学习和掌握其运行规律的过程

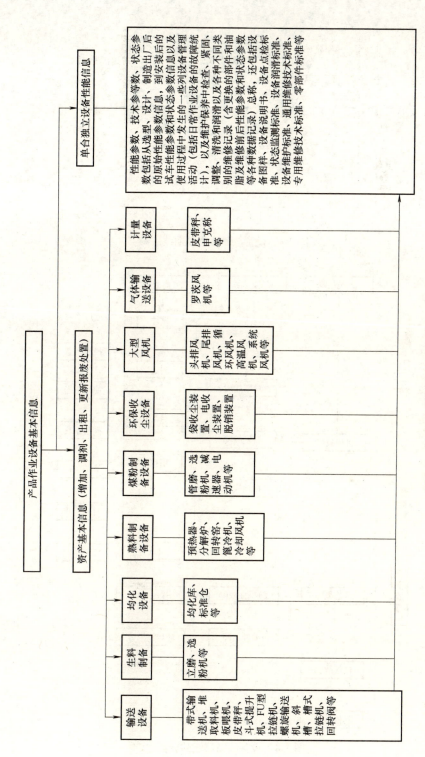

图 7-2 某水泥企业设备基本信息的构成

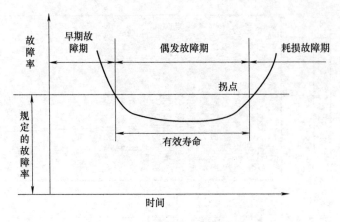

图 7-3 设备故障率浴盆曲线

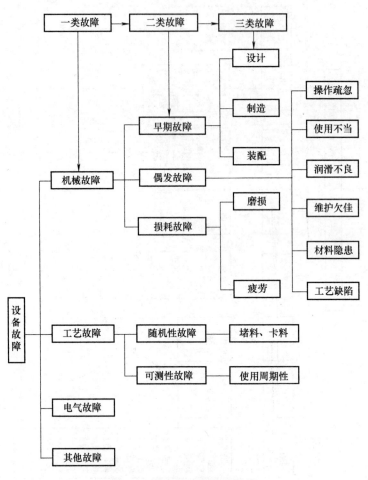

图 7-4 设备故障层级的分类

设备维修记录见表 7-6。

表 7-6 设备维修记录

项 目	内 容
设备维修记录（不停产检修）的概念	设备维修记录（不停产检修）是指不中断整条产品作业线而进行的局部设备的维修活动
设备维修记录的内容	1）不停产检修的形式有两种： ① 使用备用机组 ② 对产品作业线局部的产品作业工艺的设备采取停机检修而不影响产品作业的过程，不会导致产品作业过程的中断，从而实施对其停机设备的预知性维护或周期性维护，在水泥行业企业内称为预检修 2）设备维修的组织： ① "六定"组织准备：通常企业设备管理人员定期对生料粉工艺作业设备进行"六定"（即定期、定时、定项、定员、定责、定安全）有计划地安排生料粉作业设备停机进行预检修 定期是指定周期，尤其是立磨系统内的易磨损件、密封件、液压系统紧固件检查等 定时是指确定作业设备停机的维修计划时间，通常在水泥企业内对立磨系统作业设备停机一般安排在高峰电期间，由于电力企业对水泥企业采取分段收费方式，相对来说在高峰电期间安排对立磨系统预检修能够为企业节约费用 定项是指对作业设备停机后要具体确定处理哪些项目 定员是指作业设备停机后对项目安排相应的人员 定责是指对作业设备检修项目的质量保证及对维修人员的追责要求 定安全是指对作业设备停机作业检修过程中，要做好事故防范措施，确保人员、维修作业设备和维修作业工具或设备安全 ② 项目的来源主要是日常对作业设备的"三位一体化"点检记录，包括对渗漏、作业设备的易磨损件及耐热件维护周期时间、作业设备性能参数的变化、作业设备状态参数的变化、作业设备工况的变化等进行记录整理汇总 ③ 设备维修记录是指作业设备最小维修单元的更换、修复、调整等恢复作业设备原有性能活动的记录［包括更换最小维修单元备件的品名、规格型号、数量、图号、材质、制造厂家、维修人员、维修（更换）时间、装配调整数据等以及作业设备维修前后性能参数和状态参数等记录汇总］
设备维修记录的作用	1）通过对设备不停产维修进行记录是便于准确了解设备部件的使用周期，为备件的准备和维修周期以及设备改造提供准确的依据 2）通过维修记录能把握设备备件的使用周期、部件维修的频次，为以后备件厂家的选择和维修策略的改变提供决策依据 3）通过维修记录可以清楚了解设备哪些部件容易出现故障、哪些部件是很少出现故障的或哪些部件是不出现故障的，为设备点检内容标准的制定确定依据

案例 7-1：某水泥熟料企业的预检修。例如，在 5000t/d 的水泥熟料企业熟料产品作业的过程中，只要生料工序作业的生料均化库内有足够的库位满足熟

料烧成煅烧的条件，就可以在不中断熟料煅烧的情况下有计划地安排对立磨内部进行预检修，及时对立磨内部的易磨损件进行检查、更换、修复等检修处理活动。

案例7-2：单（双）螺杆空气压缩机的计划更换。大部分工厂使用的单（双）螺杆空气压缩机，在对空气压缩机的维护中根据使用周期对部分的配件进行有计划的更换，在机油滤芯、空气滤芯、油水分离器滤芯、空气压缩机油品、阀件等进行更换前后对空气压缩机机头的温度、电动机的电流、输出气体的压力和气味、温度等进行记录。空气压缩机维护记录见表7-7。

表7-7　空气压缩机维护记录

时间：×××× 　　检修人员：××× 　　验收人：×××

序号	名称	规格型号	单位	数量	图（编）号	制造厂家	更换时间	备注
1	机油滤芯		件	1				
2	空气滤芯							
3	油水分离器滤芯							
4	断油阀							
5	润滑油							
6	油冷却器							
7	气冷却器							
8	干燥机							

序号	类别	单位	检修前	检修后	备注
1	电流	A			
2	机头温度	℃			
3	输气压力	MPa			
4	输气温度	℃			
5	机头振动	mm/s			

设备大修记录见表7-8。

表7-8　设备大修记录

项目	内容
设备大修记录（停产检修）的概念	设备大修记录是指对产品作业线设备停机而中断产品作业，进行有计划的组织停产检修活动的记录汇总，按单台设备的大修内容进行记录后再进行整个大修期间设备的记录汇总

(续)

项 目	内 容
设备大修的特点	维修范围广，维修作业量大，涉及专业多，精度高，标准高，耗用人力、物力及成本费用高，频次低，作业工期长等
设备大修的内容	1）"六定"组织准备（见表7-6） 2）大修项目的来源： ① 设备岗位人员或操作人员的巡检记录中异常情况的备注记录 ② 车间或工段的设备的隐患记录 ③ 设备技术人员专业的专业检查和设备管理人员的设备点检记录中异常情况的记录 ④ 设备的维护周期记录 ⑤ 针对重要的设备隐患或主机设备要对单台设备分门别类安排的检修内容。通过在大修前对检修项目的汇总、梳理、分类来明确检修项目 3）检修过程的组织安排，包括时间、人员、方案、工具、备件材料、安全防范措施等 4）检修后试机验收标准和流程的建立。设备维修后需经过维修方、使用方以及设备管家三方共同进行检查确认验收，同时要对照设备维修技术标准、润滑标准组织相关人员参与对检修后设备的静态和动态的验收，并对一些主要的运行参数进行记录 5）检修的分类。根据检修项目可以分为拆卸性检修和非拆卸性检修 6）检修的部位可以是设备的执行部分、原动机部分、传动部分、润滑部分、支撑部分、电气仪表自动化部分、其他部分等 7）检修后的记录、汇总、分类、归档、总结、改善优化和提高 8）检修过程管理中要遵循"四个要受控"原则，即"检修工作进度要受控、检修工作质量要受控、检修工作安全防范要受控、检修备件材料到位要受控"
设备大修记录的作用	1）设备大修主要的作用是恢复设备的性能和功能以及防范设备出现重大设备事故和维持产品作业制造的稳定。因此，对设备大修记录进行存档是便于了解部件使用周期和检查实际产品作业中使用和维护状况，为设备管理方法和方式的改变提供依据 2）对检修后出现的故障，便于原因的追溯、责任的追究以及为处理策略的制订提供材料 3）通过检修记录能够全面了解故障的统计情况和原因的具体分析，为以后的设备选型和改善提供理论依据

物料清单见表7-9。

表7-9 物料清单

项 目	内 容
物料清单的概念	物料清单是指设备管家对产品作业设备的基础数据的收集与整理形成数据的汇总，即通过"H、M、R、O"四个阶段的组织管理过程中所形成的各种数据的记录整理与汇总，构成物料清单（状态数据，BOM）
物料清单的内容	物料清单的具体内容包括设备基本信息（资产管理）、历史状态信息（投产数据）、历史故障信息（故障统计）、设备保养记录（管家点检）、设备维修记录（不停产维修）、设备大修记录（停产检修）等

(续)

项　目	内　容
建立物料清单的作用	1）通过建立物料清单能清楚地了解产品作业设备在各个阶段的管理组织的具体状况，是研究作业设备客观规律的需要 2）通过建立物料清单能够及时发现对作业设备管理组织过程中存在的不足，是改进设备管理的需要 3）通过建立物料清单便于设备管家系统了解设备的全寿命周期，为改进、提高和制订设备管理策略提供科学的数据支撑

设备故障具体表现在设备的性能参数、功能参数、精度参数以及效率参数发生了根本的变化，要求企业"三位一体"的设备管家通过对设备的性能参数、功能参数、精度参数以及效率参数的数据进行日常监控、记录、汇总、统计和分析。因此，根据设备故障的表现状况，将设备的基础数据分为四类，即性能参数、功能参数、精度参数以及效率参数，见表7-10。

表7-10　设备基础数据的分类

序号	分类	内　容
1	性能参数	设备的性能参数是设备选型的主要依据，也是"三位一体"基层设备管家了解设备的基础，是了解设备的第一手资料，也是了解产品作业设备用途和作用的资料即了解设备是干什么用的，名称规格型号是什么，产能是多少。如减速器的性能参数包括转速、传动比、功率等
2	功能参数	设备的功能参数通常表现在设备能否进行正常的作业，以及能否正常地作业出合格的产品或加工件。如水泥熟料制造企业回转窑设备的功能参数通常表示为一天能够作业多少水泥熟料，是6500t/d还是4500t/d
3	精度参数	设备的精度参数通常表现在振动、温度、异音、异味、压力、间隙、磨损测量等，以及工序作业加工件的加工精度或质量要求
4	效率参数	设备的效率参数通常表现为对单位时间内加工件的数量或单位时间内产量的检查对比

第三节　作业设备基础数据库的建立

一、建立作业设备基础数据库的原则

本章前两节的内容着重的是作业设备基础数据的概念、内容和作用，对构成设备物料清单的六项基本内容进行了汇总。建立设备基础数据库的原则见表7-11。

表 7-11　建立设备基础数据库的原则

序号	分　类	内　　容
1	坚持实事求是的原则	用实践是检验理论的唯一标准来衡量所建立的数据库是否合理。根据不同产品作业工序的设备的特点和日常记录的数据进行分类、汇总，形成各种数据信息
2	按设备的管理流程记录基础数据前后顺序的原则	设备管家要按设备的管理流程逐步对设备的各种数据进行分门别类的记录。根据对设备的全寿命管理，通常将设备管理分为前期管理和后期管理，如图7-5所示。前期管理主要是根据产品作业计划对设备进行规划、设计、选型、购置、安装、验收等；后期设备管理主要侧重对设备的使用和维护等管理，包括建立设备管理的组织体系构架，建立各种设备管理制度和操作流程、组织制度和操作设备的培训制度，以及在设备运行、点检、润滑、隐患处理与跟踪、故障以及维修、报废处置等方面进行的管理
3	尽量使用具体数据的原则	不用模棱两可、似是而非的模糊字眼，数据应尽可能详尽，数据越详尽、全面越能对设备进行全面了解，尤其是设备部件的跟踪属性和寿命属性，是设备管家对该设备进行预防性维护的策略和对故障部件进行技改的理论依据。如联轴器对中的数据记录要求对径向和轴向的记录要明确到小数点后面2位数，如3.52mm不要写成3.5mm，更不能使用"大概、好像、差不多"等字眼
4	记录标准统一原则	"四个统一"原则，即"文本格式统一、单位统一、编码统一、名称（术语）统一" 1）"文本格式统一"原则：是指设备管家对设备管理过程中所要记录的文本要统一，统一使用word文档或统一使用excel表格形式 2）"单位统一"原则：是指对前后记录的同一计量单位要统一。例如，在5000t/d水泥熟料制造线设备管理中，经常要对高温风机轴承座振动值进行测量或在线检测，在表述轴承座振动时可以使用振动速度mm/s、振动加速度mm^2/s和振动位移mm，因此在记录时要统一使用单位标准，这样的记录具有延续性，便于判断振动的变化趋势。如2013年3月5日风机固定端轴承座水平振动是1.5mm/s，4月5日固定端风机轴承座水平振动是1.8mm/s，这样能够准确把握风机轴承座振动变化的趋势，做到能够提前预知隐患的发展，做好准备处理的预案 3）"编码统一"原则：是指设备管家在日常管理中对设备编码的记录要统一，这样便于收录到信息系统中 4）"名称（术语）统一"原则：是指对同一个部件可能有不同种的说法，在记录时要统一说法，不要对同一部件前后记录的说法不统一，让人产生误解

二、建立作业设备基础数据库的方法

现代企业随着科技化和信息化的高速发展而发展，企业的管理模式和管理水平在信息化的基础上日渐提高，设备管理作为企业管理的一个系统也在不断

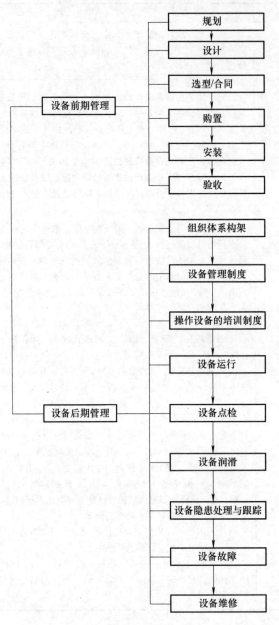

图 7-5　设备管理的流程

提高。从企业设备管理的历史发展来看，企业作业设备管理数据库的建立经历了三个阶段，即由人工管理阶段到文件系统管理阶段，进而发展为当前的数据库系统阶段。建立作业设备基础数据库的方法见表 7-12。

表7-12　建立作业设备基础数据库的方法

阶　段	定　义	内　容	特　点
人工管理阶段	是指通过人工记录在设备管理活动中的各种数据并在计算机上进行管理	应用背景为科学计算法，硬件背景为无直接存储设备，软件背景为无操作系统，处理方式为批处理	数据的管理者为用户（程序员），数据面向的对象为某一个应用程序，数据不独立、完全依赖于程序，数据无结构，应用程序自己控制数据等
文件系统管理阶段	是操作系统用于明确存储设备（如磁盘或分区）上的文件的方法和数据结构，即在存储设备上组织文件的方法。操作系统中负责管理和储存文件信息的软件机构简称为文件系统。文件系统主要有三个部分，其一是文件系统的接口，进行对象操作和管理的软件集合。其二是从系统的角度看，文件系统是对文件存储设备的空间进行组织和分配，负责文件存储并对存入的文件进行保护和检索的系统。简单说就是，它负责为用户建立文件、存入、读出、修改、转存文件，控制文件的存取，当用户不再使用时撤销文件等。因此，利用文件系统进行设备基础数据的建立、存入、读出、修改、转存文件和控制文件的存取等，是对设备基础数据管理的一种有效方法和手段	应用背景为科学计算法和管理学，硬件背景为磁盘、磁鼓，软件背景为文件系统，处理方式为联机实时处理和批处理	数据的管理者为文件系统，数据面向的对象为某一应用，数据的共享性差、冗余度大，数据的独立性差，数据记录内有结构、整体无结构，应用程序自己控制数据
数据库系统阶段	主要是指由数据库和管理软件组成的系统，用来登记、记录设备的基础数据	应用背景为大规模管理，硬件背景为大容量磁盘，软件背景为数据库管理系统，处理方式为联机实时处理、分布处理和批处理	数据的管理者为数据库管理系统，数据面向的对象为现实世界，数据的共享性好、冗余度小，数据具有高度的物理独立性和一定的逻辑独立性，数据的结构整体化、用数据模型描述，由数据库管理系统提供数据的安全性、完整性、并发控制和恢复能力

三、建立作业设备基础数据库的步骤

建立作业设备基础数据库一般分为四步，即收集，归类与分类，汇总和整理，分析、优化、改善和提高，如图7-6所示。

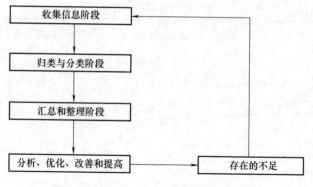

图 7-6　建立作业设备基础数据库的步骤

四、案例分析

案例 7-3：作业设备的确定与选型。某企业在通过投资新建一条 5000t/d 水泥熟料制造作业线规划后，根据产品作业工艺要求所需要的作业设备如下。

1. 所需设备

设备列表见表 7-13。

表 7-13　设备列表

序号	设备类别	设备名称及用途
1	输送设备	主要的设备有带式输送机、原（燃）材料预均化堆场和堆取料机、板喂机、皮带秤、斗提、槽式拉链机、斜槽、FU 型拉链机等
2	生料制备设备	立磨、选粉机等
3	均化设备	原（燃）材料预均化堆场、均化库、标准仓、堆取料机等
4	熟料制备设备	预热器、分解炉、回转窑、篦冷机、冷却风机等
5	煤粉制备设备	管磨、选粉机、减速器、电动机等
6	环保收尘设备	袋收尘装置、电收尘装置、脱销装置等
7	大型风机	头排风机、尾排风机、循环风机、高温风机、系统风机等
8	气动、气体输送以及阀类	空气压缩机、罗茨风机、气动阀、电动阀、闸阀、耐高温闸阀、百叶阀、蝶阀等
9	润滑装置	干油润滑油站、稀油润滑油站、喷淋装置、液压站等
10	仪表计量设备	皮带秤、煤粉申克秤、料位计、电表、测温仪、测压仪、测振仪等

2. 设备选型

设备选型见表 7-14。

表7-14 设备选型

序号	内容
1	根据规划的5000t/d水泥熟料选定回转窑窑型为φ4.8m×74m、三档支托支撑,再根据窑型及最大产能选定原动机、减速器、辅助传动装置、液压挡轮、主减速器油站、液压挡轮油站、开式大小齿传动喷淋润滑装置等
2	根据窑型φ4.8m×74m、最大产能5800t/d熟料以及工艺要求选定分解炉、预热器等
3	根据回转窑最大产能以及预热器的高度选定入窑斗提的输送能力,根据输送能力以及输送的高度选定电动机、减速器、液力耦合器等
4	在根据回转窑最大台时产能的基础上,如φ4.8m×74m回转窑最大产能为5800d/t熟料,所需的生料约为9454t/d(熟料按1:1.63的比例核算生料粉);通常要考虑立磨内易损件较多,需要经常停机维护以及高峰用电期间能够将设备停下来节约用电成本。基于以上两种因素,通常对立磨设备的选型要在最大产能的基础上富余10%~20%,这样能够利用生料粉均化库在高库位对高峰用电期间将立磨停下来进行易损件的维护和检修工作。因此,对生料磨设备选型时按产能要达到450t/h以上的标准进行。选定立磨产能的同时要选定主减速器、主电动机及其附属设备。再向前道工艺延伸到各种原(燃)材料均化和输送以及计量设备等
5	根据立磨的最大产能选定输送设备,如入库斗提、减速器、电动机以及其他设备
6	根据回转窑的最大产能所需煤粉来选定原煤粉煤系统设备、熟料冷却的篦冷机以及熟料输送拉链机设备,同时根据所选择的主机设备配套辅机设备
7	设备选型流程如图7-7所示
8	对设备选型后,开始组织相关的设备厂家招标、签订合同,组织对设备进行安装、调试、验收等

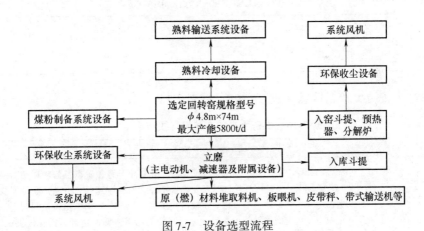

图7-7 设备选型流程

案例7-4:以回转窑设备为例建立物料清单。

1. 收集基础数据

1)设备基本信息(资产管理)见表7-15。

表 7-15 设备基本信息（资产管理）

序号	类别	内容
1	合同号	—
2	安装、使用区域	
3	（1）规格型号	回转窑的性能参数 φ4.8m×72m、产能5000t/d、三档支托支撑、斜度为4%、主传动转速为0.35～3.96r/min、辅助传动转速为8.52r/h、传动形式为开式齿轮单向传动、挡轮形式为液压挡轮，窑旋转方向：从窑头向窑尾看，窑为顺时针方向旋转
	（2）配套设备	主传动电动机型号为ZSN4-400-090、功率为630kW、额定转速为1500r/min、额定电压为660V、调速范围为130～1500r/min、制造厂家为上海南洋电机传动设备有限公司 测速发电机型号为ZYS-3A、功率为22W、额定电压为110V、额定转速为2000r/min 辅助传动电动机型号为Y250M-4、功率为55kW、额定转速为1480r/min、额定电压为380V 主传动减速器型号为JH710C-SW305-40（集中润滑）、传动比为42.226、中心距为1570mm、入轴联轴器为ZL型联轴器、出轴联轴器为KLN型联轴器 辅助传动减速器型号为H220C-SW302-28、传动比为28.125、中心距为490mm、入轴联轴器为ZLL型联轴器、出轴连接斜齿离合器 电动液压块式制动器为YWZ型制动器 液压挡轮油站带PLC控制，留DCS接口，型号为THS-12、行程为正常工作行程±25mm、制造厂家为四川川润股份有限公司、油泵能力为1100（系统最小稳定流量为20～50）mL/min、压力为14MPa
4	图样资料以及使用说明书	—

2）设备历史状态信息（投产数据）见表7-16。

表 7-16 设备历史状态信息（投产数据）

序号	类别	内容
1	静态数据记录	各档托轮冷却循环水的压力数据记录、托轮止推盘位置以及与轴瓦端面距离的数据记录、安装时托轮与瓦面接触拍照记录、减速器与电动机联轴器找正数据记录、减速器与小齿轮座联轴器找正数据记录、大小齿轮齿顶间隙和侧隙记录、大小齿面接触拍照留存记录、托轮与轮带接触面记录、托轮位置记录、安装中心线记录等
2	动态数据记录	各档托轮油温和瓦温数据记录、主电动机电流和振动、减速器振动、声音、温度、油位、油压、油量数据记录、小齿轮轴承座振动和轴承座温度、液压挡轮的油压以及轴承座振动和温度、液压挡轮的形成位置、回转窑每档筒体与轮带滑移量等数据记录、测速、筒体温度扫描

(续)

序号	类别	内 容
3	历史故障（故障统计）	2012年3月试制造至2013年12月底，导致回转窑故障停机的统计及原因分析如下： 1）托轮油温高导致回转窑跳停2次 原因分析： ① 直接原因：一是油池加热器被人为使用；二是托轮润滑油在冬季选用时油品黏度过大，流动性差，导致油池局部受热过高；三是托轮辐射热过高致使油池油温过高，导致回转窑跳停 ② 间接原因：日常对托轮润滑油的使用以及管理不善 2）托轮瓦温高导致出现1次拉瓦停机故障和跳停故障1次 原因分析： ① 直接原因：一是托轮调整不当引起止推盘与轴瓦端面摩擦力过大引起高温现象；二是润滑油油位不合适以及润滑油添加工具不清洁导致油内混入杂物进入托轮油池内 ② 间接原因：日常对托轮以及托轮润滑油的使用以及管理不善 3）液压挡轮轴承损坏 原因分析：直接原因是液压挡轮受到的轴向力过大导致轴承损坏；间接原因是液压挡轮安装位置不合适以及托轮调整不当 4）大小齿轮齿面存在点蚀和剥落 原因分析：直接原因是齿面存在缺油或油品内含杂质；间接原因是油品管理不善，对开式齿轮油油品的黏度选用不合适，没有根据季节和环境温度的变化及时调整油品的黏度 5）轮带挡铁脱落 原因分析：直接原因是焊缝处受力过大导致脱焊现象；间接原因是托轮位置调整不当，轮带下推力过大导致挡铁与轮带侧面摩擦力大于挡铁焊缝的强度，引起挡铁脱落 6）主电动机电刷打火 原因分析：直接原因是电刷磨损快；间接原因是电刷调整间隙不均匀以及冷却风机进风口过滤网未恢复 7）回转窑红窑掉砖 原因分析：直接原因是回转窑操作过程对耐火材料使用不规范；间接原因是对耐火材料的日常管理不力
4	设备保养记录（管家点检）	建立回转窑设备管家的点检组织机构（见图7-8所示的回转窑点检网络图）： 　　一般企业设备管理在点检时采取三级点检或四级点检制度，每级回转窑点检承担不同的职责：先按四级点检举例，一级点检为回转窑岗位人员每班对设备的点检，二级点检为专业点检机电维修人员对回转窑设备的点检，三级点检由熟料煅烧车间设备管理负责人即企业的设备管家或企业相关职能部门负责人负责，四级点检由回转窑设备管理负责人负责

2. 建立回转窑的设备点检规章制度

回转窑的设备点检规章制度见表7-17。

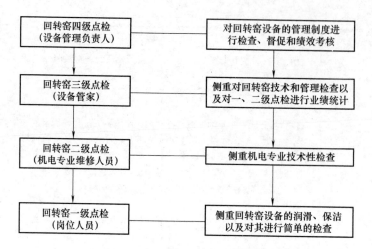

图 7-8 回转窑点检管理网络图

表 7-17 回转窑的设备点检规章制度

序号	内容
1	岗位人员当班期间每 2h 对回转窑及其附属设备检查一次,并按相应的表格对托轮油温、瓦温以及按点检记录表的要求填写数据;按时如实填写各种数据,对于少记、漏记、谎记的,发现一次处理一次
2	机电维修专业人员每班要求对回转窑及其附属设备检查一次,根据专业分工对回转窑及其附属设备关键部位进行检查测量并记录;对于点检不仔细导致设备隐患未被及时发现和处理导致设备停机的,追究专业点检人责任
3	设备管家每周一次对回转窑及其附属设备点检一次,对存在的设备隐患发展趋势进行监控、拟定应急处理方案以及后续处理准备工作,根据部件使用寿命周期制订备件以及维修更换的准备工作计划,并对一、二级点检绩效进行统计考核、填写设备点检记录、制订下月的设备管理计划。对于当月未对回转窑设备进行点检的,发现一次处理一次
4	设备负责人对回转窑设备的点检每月一次,对设备管家的点检绩效进行考核,对回转窑及其附属设备的"四无""六不漏"标准以及点检制度的执行情况进行检查,制订企业级的下月设备管理计划
5	各级回转窑设备点检人员,在对设备进行点检时必须使用相应的工具和方法并及时填写点检记录,每少一次处理一次
6	对在点检过程中发现的设备隐患要及时填写并向上一级报告,按对隐患监控的要求认真落实各项监控措施,对于落实不力的,发现一次处理一次
7	……

3. 回转窑设备点检的绩效考核制度

回转窑设备点检的绩效考核制度见表 7-18。

表 7-18　回转窑设备点检的绩效考核制度

分　类	内　容
岗位人员的点检绩效	1. 点检内容绩效 点检记录：目标是准确、正确、规范填写并反映真实情况，发现隐患及时汇报和处理，减少停产事故的发生 回转窑点检的频次记录按制度要求每 2h 一次，少一次扣 10 元；点检内容数据的填写要规范，填写不规范发现一次扣 10 元；填写记录要及时、漏记、少记或谎记，发现一次扣 20 元；异常情况的记录与汇报要及时，未及时发现回转窑设备异常情况的，或记录汇报不及时的，发现一次扣 20 元，导致延误处理隐患最佳时期引起停产的，按每小时 100 元进行扣罚，封顶 800 元；回转窑设备卫生不清洁，按每台扣 10 元进行扣罚，封顶 200 元 润滑记录：目标是准确、规范填写 润滑记录填写不及时、填写错误、出现涂改、虚假填写，发现一次扣 20 元；给油不规范，出现过加溢油、少加缺油按每台设备 200 元进行扣罚，因缺油导致回转窑停机维修的按设备事故制度处理 2. 点检质量绩效 回转窑运转率：目标为 95%，每增加或减少 1% 按 200 元进行扣罚，封顶 1000 元
机电设备专业维修人员的点检绩效	1. 点检内容绩效 点检记录：目标是准确、正确、规范填写并反映真实情况，发现隐患及时汇报和处理，减少停产事故的发生 回转窑点检的频次记录按制度要求每班一次，少一次扣 10 元；点检内容数据的填写要规范，填写不规范发现一次扣 10 元；填写记录要及时、漏记、少记或谎记，发现一次扣 20 元；异常情况的记录与汇报要及时，未及时发现回转窑设备异常情况的，或记录汇报不及时的，发现一次扣 20 元，导致延误处理隐患最佳时期引起停产的按每小时 100 元进行扣罚，封顶 800 元；对于设备产生的"跑、冒、滴、漏"现象发现不及时，按每台设备扣 10 元；处理不及时产生异常损耗的，按每台设备扣 20 元 润滑记录：目标是准确、规范填写 润滑记录填写不及时、填写错误、出现涂改、虚假填写，发现一次扣 20 元；油位、油质、油温、油压检查漏项，每项扣 10 元 2. 点检质量绩效 专业点检：窑托轮温度仪表显示错误没有及时校对或更换的，发现一次扣 20 元，导致故障停产的，按每次扣 100 元，封顶 800 元 回转窑运转率：目标为 95%，每增加或减少 1% 按 200 元进行扣罚，封顶 1000 元
设备管家的点检绩效	1. 点检内容绩效 回转窑设备关键部位的动态检查，如托轮、筒体、轮带、主电动机与主减速器、大小齿传动润滑装置、小齿轮轴承座、液压挡轮、轮带滑移量、轮带挡铁磨损、窑头密封、窑尾密封、大齿轮连接螺栓松动、筒体弹簧板焊缝等（温度、压力、电流、声音、位移、速度、振动等）、点检设备隐患的发展状况以及隐患跟踪方案的落实情况，岗位人员和机电专业维修人员的点检内容绩效评估等；每周一次的检查，少一次或遗漏一项扣 20 元 2. 月度回转窑的点检质量绩效 回转窑运转率指标：目标为 95%，权重占 40% 故障停窑次数指标：目标为 1 次，权重占 10% 熟料产量指标：目标为 18 万 t，权重占 20% 回转窑月度备件材料费用指标：熟料备件材料费用目标是 2.16 元/t，权重占 20% 回转窑润滑油费用指标：熟料润滑油品费用目标是 0.12 元/t，权重占 10%

(续)

分 类	内 容
设备管理负责人的点检绩效	1. 点检内容绩效 回转窑设备关键部位的动态检查，如托轮、筒体、轮带、主电动机与主减速器、大小齿传动润滑装置、小齿轮轴承座、液压挡轮、轮带滑移量、轮带挡铁磨损、窑头密封、窑尾密封、大齿轮连接螺栓松动、筒体弹簧板焊缝等（温度、压力、电流、声音、位移、速度、振动等）检查 回转窑设备隐患的整改检查、设备"跑、冒、滴、漏"的检查、设备管理制度执行情况的检查、回转窑操作规程执行情况的检查、润滑台账的检查、前三级点检记录与绩效的检查等 2. 月度回转窑的点检质量绩效 回转窑运转率指标：目标为95%，权重占30% 回转窑管理制度执行情况：目标为100%，权重占10% 故障停窑次数指标：目标为1次，权重占10% 熟料产量指标：目标为18万t/月，权重占20% 回转窑月度备件材料费用指标：熟料备件材料费用目标是2.16元/t，权重占20% 回转窑润滑油费用指标：熟料润滑油品费用目标是0.12元/t，权重占10%

4. 回转窑的设备管家点检标准

根据图样、使用说明书等技术资料的要求，建立回转窑的设备管家点检标准，见表7-19。

表7-19 回转窑的设备管家点检标准

项 目	内 容
1. 点检频率或时间	每天一次
2. 点检人员	设备管家
3. 点检区域	熟料烧成回转窑区域
4. 点检状态	运行状态下点检和检修解体点检
5. 点检方法	用手持测温仪和测振仪
6. 点检设备或部件程度的标准	托轮油温通常要求小于45℃，最高温度不得超过60℃
	托轮座振动在1.0mm/s以内，止推盘与轴瓦端面距离不小于2mm，托轮轴最高温度（含止推盘）不超过65℃
	托轮冷却循环水水压不低于0.2MPa
	轮带与筒体滑移量在20mm/r以内
	轮带与托轮工作面接触长度不少于托轮宽度的2/3
	液压挡轮的上窜压力范围是4.5~6.5MPa
	液压挡轮行程为正常工作行程±25mm
	液压挡轮轴承座振动在2mm/s以内，轴承温度在60℃以内，运行中无杂音
	主电动机电流控制在1000A以内

(续)

项 目	内 容
6. 点检设备或部件程度的标准	主电动机、主减速器轴承温度在50℃以内，振动在2.0mm/s以内；主减速器出油管油压范围为0.25~0.35MPa，运行中无杂音
	当窑体达到正常工作温度后，其齿顶间隙不得小于0.25m，m为齿轮模数，即9mm
	小齿轮轴承座振动在2mm/s以内，轴承座温度在50℃以内
	回转窑筒体温度控制在380℃以内
	窑头、窑尾密封装置完好，无明显漏风、漏料现象
	筒体测速装置完好，保护设备齐全
	所有部位运行中无杂音
7. 静态点检	检查窑口护铁、窑尾护板的烧蚀是否达到1/3；检查挡砖圈焊接是否存在脱焊或烧蚀
	检查减速器齿轮齿面有无点蚀和剥落现象，测定减速器轴承游隙并检查滚动体、保持架和滚道
	检查齿轮轴弯曲情况
	大、小齿轮接触面沿齿高不小于40%、沿齿长不小于50%，检查齿面的剥落点数，检查齿顶间隙和侧隙
	检查润滑油油质
	冷态时大、小齿轮的齿顶间隙应在（0.25m+2~3mm），即11~12mm的范围内
	检查托轮内油槽螺栓，检查导油槽斜度以及固定螺栓
	检查托轮油质、托轮轴有无刮伤、冷却水管接头有无松动、游标清洗以及杂物清理
	轮带与筒体垫板冷态间隙：Ⅰ档控制在20mm以内，Ⅱ档控制在25mm以内，Ⅲ档控制在28mm以内

5. 点检异常情况的记录、统计与处置

通过四级的回转窑设备的点检网络，将各级点检中发现的异常记录汇总并核实后，根据对隐患的处理情况分门别类统一地造表登记，并拟定相应的处置措施。回转窑设备点检异常情况的记录、统计与处置见表7-20。

表7-20 回转窑点检异常情况的记录、统计与处置

序号	隐患分类	备 注
1	可以不需要停机处理的隐患	如托轮轴高温、需要对托轮进行调整的
2	处理条件不允许，但不影响设备性能的，需要长期监控的	如大、小齿传动中小齿轮轴承座振动，需要工艺调整等
3	需要近期组织停机处理的	如轮带挡铁脱落或液压挡轮轴异常的

6. 设备维修记录（不停产检修）

1）设备检修准备见表7-21。

表7-21 设备检修准备

项 目	分 类
1. 回转窑不停产检修的项目	1. 液压挡轮油泵故障，阀件以及油管渗漏处理 2. 托轮温度高，调整托轮位置 3. 窑头密封钢丝绳断裂，恢复 4. 托轮测温仪表故障 5. 筒体扫描故障 6. 回转窑辅助传动设备修复 7. 托轮表面车削加工
2. 检修项目的内容组织	首先要分析产生故障或隐患的原因，在明确具体原因后拟定检修项目的内容，再根据检修的内容核实备件材料以及进行工器具的准备工作。如回转窑托轮高温隐患，首先要弄清楚产生托轮高温的原因：是筒体热辐射导致的高温、冷却水不通畅导致的高温、托轮轴止推盘与轴瓦端面接触摩擦产生的高温，还是托轮油乳化产生的高温、轻微拉瓦产生的高温、托轮油内混入杂质产生的高温等；再分析托轮位置调整不当引起的托轮高温；最后明确对托轮位置的调整方案
3. 检修项目的时间组织	在检修项目的内容确定之后，对检修项目的时间进行组织，合理安排处理的具体时间。如托轮位置不当的调整，计划于某日8：30—10：30处理
4. 检修项目的人员组织	在明确检修项目的时间后着手安排人员，根据每个人的特长和新老员工相互搭配，以提升员工技能。如托轮高温调整时，安排一会调整的老员工带两个新员工一起搭配进行调整与跟踪
5. 检修项目的备件材料组织	备件材料准备要细致、全面，对检修所需备件材料的名称、规格、型号、数量、材质要求、加工精度要求、安装要求等要熟悉；修前安排专职人员认真核实无误后才能开始着手检修
6. 检修项目的工器具组织	工器具准备充足与否是决定检修效率高低的重要标志。根据检修项目、备件材料更换以及检修进度等要求，对检修工器具进行规划准备，检查工器具的使用情况及其安全装置。例如，在调整回转窑托轮位置时，对大锤、扳手、百分表、100t液压顶以及手动油泵在检修前安排检查等
7. 检修项目的安全防范	在检修前要规划好安全防范工作。如在回转窑托轮调整中要做好防烫伤措施，使用大锤要规范，不可随意触摸设备的传动部位，劳保用品穿戴要规范等

2）设备检修记录见表7-22。

表7-22 设备检修记录

序号	内 容
1	检修记录应填写检修的时间，检修的部位，检修的内容，更换备件的规格、型号、数量、图样资料，或备件的草图、调整间隙等
2	记录检修中所使用的工具和材料等
3	记录检修过程中具体的步骤和参数
4	记录检修过程中具体的调整责任人和施工责任人

3）设备检修评价与绩效。对回转窑托轮调整前后温度的变化进行一段时间的跟踪和对比分析，在分析过程中对于做得好的一方面应保持固化，对于存在的不足要进行改善。

7. 设备大修记录（停产检修）

根据日常"四级"回转窑设备的点检所发现的设备隐患进行分类，对需要在停产检修的一些设备隐患，在回转窑停产期间安排大修。

1）回转窑停产检修的项目见表7-23。

表7-23 回转窑停产检修的项目

序号	检修的项目
1	回转窑窑口护铁烧蚀、窑尾护板烧蚀更换处理
2	托轮拆装更换，托轮瓦刮研或托轮轴刮研
3	托轮油挡螺栓紧固，导油槽调整
4	轮带窜动复位，筒体垫板磨损、轮带挡铁脱落或磨损更换
5	筒体烧蚀更换，轮带磨损更换
6	主减速器齿轮及齿轮轴、轴承修复，主电动机修复或更换
7	传动装置大、小齿轮磨损处理及齿顶间和侧隙调整
8	液压挡轮轴承检查或更换
9	窑头、窑尾密封磨损修复处理
10	筒体与大齿圈连接弹簧板焊接处理，大齿圈轮毂开裂处理等

2）回转窑停产检修的组织见表7-24。

表7-24 回转窑停产检修的组织

项 目	分 类
1. 检修项目的内容组织	首先要分析产生故障或隐患的原因，在明确具体原因后拟定检修项目的内容，再根据检修的内容核实备件材料以及进行工器具的准备工作。对于产生回转窑设备隐患的原因可能有很多种，要根据现场设备的运行情况以及组织参与"四级"点检的相关人员共同研讨分析隐患的形成具体原因做出准确的判断分析后，拟定回转窑停窑检修项目的内容。当然回转窑停机检修的内容拟定不是通过一次会议就能完全解决的，需要通过一段时间的梳理积累逐步形成较为完善的检修内容
2. 检修项目的时间组织	在回转窑停机检修项目的内容确定之后，对检修项目的时间进行合理安排，根据检修项目的难易复杂程度以及技术要求的精度中所需检修进度时间最长的那个项目为主线，来确定本次检修的节点计划时间，如更换窑内耐火材料时间为本次检修的节点时间。或是由于检修过程中存在交叉作业相互影响的项目，以相互影响交叉的合计时间作为检修节点计划时间，如回转窑大齿圈齿面修复与窑内耐火材料的更换以交叉时间作业的合计时间作为本次检修的节点计划时间，其余的检修项目的时间必须在此交叉项目完成的时间内完成
3. 检修项目的人员组织	在明确回转窑停机检修项目的时间后着手安排人员，根据每个人的特长和新老员工相互搭配，以提升员工技能

(续)

项　目	分　类
4. 检修项目的备件材料组织	根据回转窑设备每个检修项目中所需更换的备件材料逐一进行统计核实，并制订备件材料明细表格，要求对备件材料的名称、规格、型号、数量、使用部位、材质要求、加工精度、安装要求以及库存数量、购置数量、到货时间、制造厂家或品牌以及供应商等要熟悉；检修前安排专职人员认真对备件材料核实无误后才能安排停机检修，切不可停机待修
5. 检修项目的工器具组织	根据回转窑检修项目的内容安排，依据检修的各个项目、备件材料更换以及检修进度等要求，对每个检修项目所需的工程机械（叉车、起重机等）以及工器具进行梳理并做好准备工作。对照检修项目检查工器具的完好、缺失与损坏情况，并要求检查工器具的安全性能 起重作业中使用的叉车、起重机在检修前应进行相应的维护保养，涉及起吊作业中的钢丝绳、绳卡、卸扣、液压顶、液压油泵、手动油泵、螺旋千斤顶、手拉葫芦、电动葫芦、卷扬机等应进行提前检查 测量调整作业中使用的百分表、游标卡尺、塞尺、内径千分尺、水平尺、框式水平仪等应进行梳理和检查 气、焊接作业中涉及的焊接设备，如交（直）流电焊机、氩弧焊机、焊钳、碳弧气刨等应进行梳理和检查 对专用工具，缺少的应采取相应的策略，是购置、租用或调剂使用，应提前规划安排并逐一核实
6. 检修项目的安全防范	在检修前要规划好安全防范工作，根据检修内容以及涉及交叉作业的特点，对每个检修项目的安全防范措施是不同的，同时也要结合检修场所周边的环境和天气因素的影响，人的不安全要素也要统筹考虑。制订详细的安全防范措施是保证检修顺利进行的重要条件

3）设备检修记录见表7-25。

表7-25　设备检修记录

序号	内　容
1	检修记录应填写检修的时间，检修的部位，检修的内容，更换备件的规格、型号、数量、图样资料，或备件的草图、调整间隙等
2	记录检修中所使用的工具和材料等
3	记录检修过程中具体的步骤和参数
4	记录检修过程中具体的调整责任人和施工责任人
5	记录维修工时和维修工序流程
6	记录检修质量控制措施和标准
7	记录验收数据

4）设备检修评价与绩效。对回转窑停产检修项目在检修前后进行一段时间的跟踪和对比分析，在分析过程中对于做得好的一方面应保持固化，对于存在

的不足要进行改善。

8. 设备数据管理流程

设备数据管理流程见表7-26。

表 7-26 设备数据管理流程

序号	分类	内容
1	收集	设备基本信息（资产管理）、设备历史状态信息（投产数据）、设备故障数据、设备点检、设备润滑、不停产检修以及停产检修等
2	归类	要根据设备的选型、购置、安装、验收、使用、维修以及报废处置等，对在不同阶段所收集到的数据信息进分别归类。归类既是指对设备的归类，如对回转窑设备数据进行归类，也是指对具体某个参数的归类，如对回转窑小齿轮座振动数据的归类中对水平振动、垂直振动、轴向振动数据信息分别归类，这样便于通过某一组数据信息的变化趋势来衡量设备振动的趋势和发展方向，如小齿轮轴承座水平振动平稳或逐渐变大等，从客观上反映设备监控点的变化趋势，为检修工作赢得准备时间
3	汇总与整理	在设备管理活动过程中，在对设备数据信息收集后，要及时进行汇总与整理，如回转窑检修结束后，要对回转窑的检修内容以及检修过程中所收集的数据信息及时进行汇总和整理，这样可防止数据信息出现丢失现象，同时也便于以后进行数理统计分析
4	分析、优化、改善和提高	在设备管理活动中通过对数据信息的汇总与整理过程进行记录，逐步形成较为完整的数据链信息；利用数理统计的方法对数据进行分析，找出其中的规律进行优化管理，形成固化的管理方法、标准或制度；对于数理统计分析出来存在的不足，主要是按过程管理方法，即按规划或计划、实施、检查总结、优化和改善循环运行管理机制不断进行优化和改善，这样逐步提高对设备的管控水平，不断满足作业产品制造的需要

第四节 设备管理信息化

一、"MRO"的基础及实施

1. "MRO"的基础

设备管家对于构成设备管理的"MRO"基础应有所了解。"MRO"的基础见表7-27。

表 7-27 "MRO"的基础

项 目	内 容
1. "MRO"的含义	"MRO"是 Maintenance（保养）、Repair（修理）和 Overhaul（大修）三个英文单词首字母的缩写，是由德国西门子公司的 Boaz Budnick Director E&S GSSi（博阿兹·巴德尼克 E&S GSSi）主任提出的 "MRO"的概念早已存在，主要有以下三种解释： 1）"MRO"是指对设备的维护、修理与运行，主要特指工厂或企业对其制造和工作的设施、设备进行保养、维修，保证其运行所需要的非制造性物料 2）"MRO"是指对设备的维护、修理与大修，是指设备在使用和维修阶段所进行的各种维护、修理和大修等服务，这种定义目前普遍应用于航空维修领域 3）"MRO2"是将上述两种解释结合起来，是指设备的维护、修理、大修和操作（也称运行）
2. "MRO"的意义	"MRO"以保障设备安全可靠为宗旨，其意义主要如下： 1）"MRO"满足了对大型复杂重要资产设备安全运行的迫切需要；"MRO"规范了具有资质的人员，在恰当的时间和地点采用正确的工器具和维修工艺，对设备对象进行有效的维护，切实保障了设备在设计工况下有效地运行 2）"MRO"通过合规恰当的保养、维修，保证了设备对象的可靠运行。可靠维修的设备能持久运行于健康状态，有效降低停产时间，极大地提高设备利用效率。目前，"MRO"在我国航空业界、高铁业界以及部分以设备可靠性为管理的企业中广泛应用 3）"MRO"是设备在使用和维护阶段所进行的各种维护、修理、大修和操作等产品制作和服务活动的总称，是产品全寿命周期的重要组成部分。"MRO"技术的含义是对设备进行有效的维护、维修，以确保设备能够在其寿命周期内最大限度地发挥其价值，维持正常的运行状态 因此，"MRO"系统是应用"MRO"技术支持产品制造商、设备用户和维修服务商等进行维修业务信息管理、过程管理与优化、运行监控和决策的软件管理系统
3. "MRO"制造服务方式的分类	具体内容见表 4-4
4. "MRO"设备管理模块	从当今的企业设备管理发展方向来看，在以设备可靠性为管理的企业里，"MRO"系统是维护、维修最有效的管理系统。在"MRO"系统里以设备履历为基础和核心作用，其他支撑有效管理的模块主要有以下几种： 1）维修规划：其主要内容是指产品作业线设备的近期和远期维修计划的安排 2）数据采集：其主要内容是结合基于计算机或者其他专用测试平台的测量软硬件产品来实现灵活的、用户自定义的测量系统；通过对产品作业线设备的电流、振动、温度、压力、速度、流量、间隙等状态的测量和数据收集，并以相应的趋势图进行表现，直观且易于判断 3）维修工艺：其主要内容是指设备维修采用的工艺流程和先进的维修作业方法 4）维修知识：其主要内容是指产品作业线设备维修的基础知识、维修组织、维修技术等，包括维修的技能要求、维修制度要求、维修流程、维修理论基础、维修组织、维修技术标准等

第七章　建立企业作业设备基础数据库及设备管理信息化

(续)

项　目	内　容
4. "MRO" 设备管理模块	5）备品配件：其主要内容是指产品作业线设备的维修所需要更换的备品和配件。备品通常指一个整体系统，而配件通常指设备的某个部件。有时候既是备品也是配件，如空气压缩机的油冷却器，相对于油冷却器是一个整体，可以称为备品，但它又是空气压缩机的部件，也是配件 6）作业执行：其主要内容是指在维修作业过程中所执行的维修作业标准，也是在维修过程中对维修作业的程序和动作要求进行规范化的内容

2. "MRO"的由来及其在我国的发展

在 1997 年，由设备制造商搭建一个从设计、指导到使用的统一平台，提出了一个全球化的 "MRO" 解决方案，这个 "MRO" 系统是一个庞大的信息化系统。

案例 7-5：美国 F-35 战斗机的信息数据见表 7-28。

表 7-28　美国 F-35 战斗机的信息数据

类别	F-35 战斗机的信息数据	系统保障
"MRO" 的由来和运用	例如，对 F-35 战斗机的维修管理，在美国及其盟国所有 F-35 战斗机的信息数据全部都储存在 "MRO" 系统里，不管这些飞机是在哪个国家使用、飞到哪个机场，都要进行密切跟踪。对于这些数据，全球各维修站都能共享，如当某架战斗机飞抵某机场时，其飞行小时数、该进行什么级别的保养、该换什么部件，均能在该系统里查到。F-35 战斗机上安装了很多传感器，将各个设备和仪器实时运行的技术状态信息采录下来，自动记录在记录器里。如何来确保 F-35 战斗机的后勤维修保障？在开始立项时，需方提出极其严格的约束条件，就是在一个平台开发出空军、海军航母、海军陆战队在长距离、短距离和垂直起降条件下，均能使用多种新型固定翼隐形战斗机，以满足采购数量大、在全球部署的需要 针对数量如此之大、装备如此精密复杂的战斗机能进行有效的维修保障，对美军的后勤维修保障系统提出了更高的要求，遍布全球的维修站点要对经常变化驻地的 F-35 战斗机进行维修，零备件、检测手段、维修程序、维修质量等都要统一标准，其难度是很大的	通过 "MRO" 系统的指导，其实施维修的方法是，停航时通过物联网导入 "MRO" 系统，直接反馈到原制造厂家，一方面为使用者提供维修的指导，同时可以及时改进设计和制造工艺，提高战斗机的性能和质量。这些在信息化时代以前是无法做到的，有了互联网之后 "MRO" 系统才有实现的可能，同时由于 "MRO" 系统的应用和支持，产品越来越智能化，分工也越来越明确，使用者只管使用，其他的一切维修保养责任全部交给制造厂家或专业的维修企业来承担。这是国际上第一个使用由制造商保障战斗机正常运行的 "MRO" 系统的成功案例

我国工业体系对 "MRO" 的发展比较缓慢。"MRO" 在我国的发展历程见表 7-29。

表 7-29 "MRO"在我国的发展历程

序号	内 容	运 用
1	1980年11月,中国航空协会第一次飞机、发动机维修技术交流会举行,筹建航空维修工程专业委员会	"MRO"在飞机维修上的应用;飞机都装有黑匣子,它不仅是飞行员与控制台对话的录音机,也是采集密度以秒计的飞行数据和运行状态参数的记录仪,将各种数据输入"处理中心"后,针对整个飞机的重要设备进行分析处理和质量评估,以决定其技术状态。以飞机发动机为例,如果其大修间隔期是1000h,在每飞行1000h后就要对飞机进行检查和检修。现在,如果在飞行1000h后,系统评估的技术状态为良好,即可延长其修理间隔期;如果在飞行900h后发现隐患并判定其技术状态超标,航空公司就能避免一次飞行事故或灾害。这个支持系统由飞机或发动机制造商负责,以预知每架飞机发动机的技术状态,超前管理大修的实践和进行备品备件的准备工作,提供各种修理计划,备件也会及时送达,这就是飞机或发动机制造商的"制造服务",而服务于"制造服务"的典型系统就是"MRO"支持系统 最近,在我国国产大飞机 C919 上,装配了自主研制的故障预测与健康管理("PHM")系统,"PHM"系统的问世与应用,打破了波音"AHM"系统、空客"AIRMAN"系统的技术垄断,实现在 3 万多项飞机数据中对于涉及安全的 4 万多个关键数据实时监控、故障诊断、维修控制决策、飞机运行管理、发动机监控等功能,建立了国产大型飞机的数据中心
2	1996年6月,国内文献首次出现"MRO"字眼,据《国际航空》报道:中国兴建航空"MRO"工厂	
3	2000年前后,TBM Maximo、IFS、Siemens PLW(UGS)、PTC、SAP、Oracle 等国外软件厂商开始将各自的 MRO 软件理念和产品导入中国	
4	2000年国外"MRO"厂商相继从资产管理角度、产品全寿命周期管理、企业资源规划延伸角度开始向中国导入"MRO"管理的理念和系统	
5	2008年中国科技部发布,国家高技术研究发展计划在先进制造领域、大型装备维护、维修和大修("MRO")支持系统指南	
6	2012年具有自主知识产权的"MRO"阶段产品 OIT MRO V1.0 EXTECH 2012 北京所 RS1.0/MRO、瑞丰协同"MRO"等陆续发布	
7	2013年3月27日,中国第一款覆盖"MRO"业务全过程的完全自主知识产品 OIT-MRO 2013 正式发布	

3. "MRO"管理与产品全寿命周期和设备全寿命周期的关系

"MRO"管理与产品全寿命周期和设备全寿命周期的关系如图 7-9 所示。

由图 7-9 可以看出管理与产品全寿命周期和设备全寿命周期的关系,见表 7-30。

表 7-30 管理与产品全寿命周期和设备全寿命周期的关系

序号	分 类	内 容
1	产品全寿命周期的定义	产品全寿命周期是指在产品设计阶段就考虑产品寿命历程的所有环节,将所有的相关因素在产品设计分阶段就进行综合规划和优化的一种设计理论。全寿命周期设计意味着设计产品不仅是设计产品的功能和结构,而且要设计产品的规划、设计、制造、营销、运行、使用、维修保养直到回收再制造的全寿命周期过程

(续)

序号	分 类	内 容
2	设备全寿命周期的定义	设备全寿命周期是指从设备的规划、设计、制造、选型、购置、安装、使用、维护、维修、改造、更新直至报废的全寿命周期过程
3	在横向上主要经历产品全寿命周期	经历产品的设计、产品的制作过程，即设备的"MRO2"阶段（验收入库、产品档案、安装调试、使用维护、服务支持、维护管控、改造大修、诊断修理以及"EAM""ERP""OEE"的信息化管理等），最后是回收再制造。在这个过程中，通过对设备的改造可以进行产品创新设计，在产品制作过程可以进行产品质量改进
4	在纵向上主要经历设备规划	设备规划要考虑因设备故障停产的维修、设备制造以及设备管理的"MRO2"阶段（验收入库、产品档案、安装调试、使用维护、服务支持、维护管控、改造大修、诊断修理以及"EAM""ERP""OEE"的信息化管理等），最后是设备报废。设备制造要根据企业产品设计的技术要求和签订的合同约定进行 因此，"MRO2"无论是在产品全寿命周期还是在设备全寿命周期中都有着重要的意义

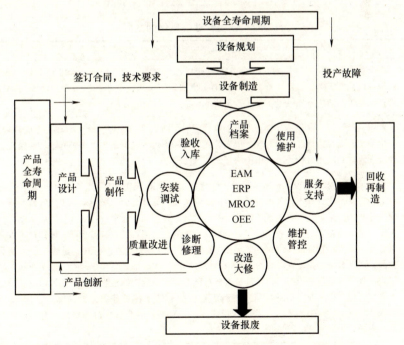

图 7-9　"MRO"管理与产品全寿命周期和设备全寿命周期的关系

4. "MRO"的实施步骤和内容

"MRO"的实施步骤和内容见表 7-31。

表 7-31 "MRO"的实施步骤和内容

序号	步骤和内容
1	应当应用产品的"BOM"（维修"BOM"）
2	应当建立产品作业线的维修档案，包括对维修策略实施的判定，对维修计划进行管理和预警，对设备状态进行点检监控，对维修流程和知识予以积累，对备品备件进行管控，对维修工时和成本进行记录，对维修项目、维修工艺及维修方法等进行优化和改善，对设备进行企业资产管理、故障诊断、可靠性分析等
3	要与设备制造商进行深度的信息互动、沟通，包括产品的结构和维修方法的技术指导，要明确在哪些情况下可以自行维护、保养、开展预防性维护；哪些情况需要由原设备制造商来进行维修或由专业的维修企业进行维修

二、信息化是设备管理的必由之路

1. 设备管理信息化的发展

在当今信息化高度发展的时期，信息化被广泛运用。设备管理对信息化的运用也在发生日新月异的变化。设备管理信息化的发展见表 7-32。

表 7-32 设备管理信息化的发展

序号	内　　容
1	当今企业资产管理（EAM）和企业资源计划（ERP）管理广泛用于企业设备资产管理中，有很多成功的案例也日趋完善；而"MRO"更加适用于设备的点检、维护、检修和备件修复管理，涵盖制造服务以及设备维护管理服务
2	企业资产管理主要包括基础管理、工单管理、预防性维护管理、资产管理、作业计划管理、安全管理、库存管理、采购管理、报表管理、检修管理、数据采集管理等基本功能模块，以工作流程管理和决策分析等可选用模块
3	EAM 以资产模型和设备台账为基础，强化成本核算的管理思想，以工单的创建、审批和执行为主线，优化合理安排各种资源，将传统的被动检修转变为积极主动的预防维修性检修，与实时的数据采集集成可以实现预防性维护。通过跟踪记录企业全过程的维护历史活动，将维修人员的个人经验转变为企业内的智力资本，集成的工业流程与业务流程配置使用户可以方便地进行系统的授权管理及应用化改造工作。EAM 的核心是企业资产管理，是建立一个企业的数据库，通过数据库把企业在日常工作中出现的问题和解决的方案积累起来，使企业从中发现和寻找出规律或创新的思维。确立基层人员在资产管理系统中的重心作用，实行以设备的点检制为管理思想，把企业今后的决策和创新等管理活动建立在对基础数据的统计分析上。因此，EAM 对企业来说不仅仅是一个应用的管理软件，它更多承载着来自在基础数据上进行科学创新的内涵

2. 实施设备管理信息化的条件

企业基层的设备管家对实施设备管理信息化的条件要有清醒的认识。实施设备管理信息化的条件见表 7-33。

第七章 建立企业作业设备基础数据库及设备管理信息化

表 7-33 实施设备管理信息化的条件

项 目	内 容
1. 以设备全寿命周期管理理论为指导建立设备资产基础管理体系	设备资产基础管理体系是设备资产管理最基础的日常性工作，其管理内容包括设备采购管理、设备资产台账管理、设备变动管理、设备资产报表统计等。在 EAM 中这些基础管理是通过以下工作实现的： 1）建立标准的设备资产信息结构，使设备、运行、维修、备件管理工作一体化 2）以设备部位为数据对象建立完整的设备技术、管理、作业标准信息库或知识库 3）设计设备全寿命周期管理模型以及开放的设备资产树 4）建立设备管理关键绩效指标（KPI）评价与分析体系 5）通过设备资产周期费用的采集与分析，定量地评价和分析设备资产的经济价值表现、运行性能、管理工作质量和工作效率，为设备维修、改造与更新决策提供支持 6）自动集成有关一台设备的采购、安装、运行、变动、折旧、维修、保养、润滑、报废等全程管理数据记录，形成包含动态数据在内的完整设备管理档案
2. 建立点检和故障分析设备运行预警体制	我国企业设备管理的一个重要趋势是以管理替代检修，且逐步由预防维修、在线检修替代事后维修。这就要求将设备运行管理的重点放在提早发现隐患、在使用中对隐患进行整改、对故障进行预测分析等。所以建立以点检和故障分析为核心的设备运行预警体系就显得十分重要。EAM 可通过运行记录、停机记录、点检、完好检查、定期检查、精度检验、故障记录、事故记录、状态监测（振动分析、油液分析、红外分析、超声波分析等）、保养及润滑等常规管理方法和现代化技术手段，记录设备以往的状况并准确监控设备的当前运行状况，通过平均故障间隔时间（MTBF）与平均恢复时间（MTTR）的动态计算，分析设备运行的可靠性与经济性，为制订合理的维修与维护策略提供量化依据
3. 建立标准化维修和预防维修为主的现代维修管理体系	建立维修标准项目库与合理维修周期分析模型，实现故障维修、定期维修、状态维修、可靠性维修、设备大修、零部件更换和紧急抢修的一体化与优化管理；按维修项目的优先级别排列人力资源，结合企业生产进程计划，给出维修任务的时间规划，计算企业每天可提供的人力资源总量，结合人力资源分析表自动匹配维修项目，并计算分析各维修项目需要的备件及其备件补库计划和紧急采购计划、资金费用计划、维修工具计划等，实现维修资源的最优化利用；并建立维修标准与维修标准项目库（维修程序包），提供维修周期分析和维修决策（策略）分析等
4. 建立备件合理库存和合理采购的数字化采购体系	建立库存预警、合理储备评价、供货周期、厂商信誉分析、多类型仓库统一管理模型，提供库存评价的自学习功能；根据维修任务计划和合理储备及预警，自动生成或编制采购计划，并支持对计划的合并、拆分、终止、回退操作，进行统一、定时、规范、合理的计划编制与平衡处理；当维修计划对库存备件有指定要求时，该库存备件只能为该维修项目领用，形成维修计划对备件的库存控制关系，并计算分析合理库存水平、在途预达备件数量、预计备件出库数量等，制订备件的补库计划与紧急采购计划，通过严格控制采购计划达到对备件库存控制的目标

3. ERP、EAM 与 MRO 三种信息化管理方式的比较

企业对设备管理信息化的运用，通常采用 ERP、EAM 与 MRO 三种方式，随着互联网的发展，将产生更多的信息化管理方式。ERP、EAM 与 MRO 三种信息化管理方式的比较见表 7-34。

表 7-34　ERP、EAM 与 MRO 三种信息化管理方式的比较

分类	ERP	EAM	MRO
管理内容	它是建立在信息技术的基础上，以系统化和体系化的管理思想，为企业决策层及员工提供决策手段的管理平台，强调从物资需求计划（MRR）发展新一代集成化管理信息系统，使得 MRR 的功能得到扩展，但其核心思想仍是供应链管理。由于 MRR 突破了传统企业管理的边界，强调从供应链管理范围去优化企业的资源，将企业的人、才、物、信息、时间和空间等综合资源进行综合平衡和优化管理 由于 ERP 系统集信息技术与先进管理思想于一身，从而优化了现代企业的运行模式，反映企业合理调配资源的要求，对于改善企业的业务流程，提高企业核心竞争力具有显著的作用	它是全寿命周期管理模式、以点检为基础的预防维修模式、以合理库存分析为依据的备件计划控制模式以及以 KPI 为指引的管理目标导向模式	它是维护维修最有效的管理系统。在该系统里以设备履历为基础和核心作用，其他支撑有效管理的模块主要有维修规划、数据采集、维修工艺、维修知识、备品配件、作业执行六项
管理重点	侧重企业设备资产管理	侧重企业设备资产管理	适用于检修和备件管理
管理功能	EAM 和 ERP 都着重于设备台账管理，但 ERP 系统侧重在设备资材备品采购和库存管理	强调资产管理	MRO 基于维护 BOM，强调维修全过程管控，对设备全寿命周期进行跟踪与追溯，设备维护管理需要 MRO 系统作为有效支撑
管理时段	—		MRO 管理服务于设备全寿命周期，即初期、中期和末期，而突出在中期，而 EAM 和 ERP 则主要体现在中期 MRO 系统有先进的理念和模式，目前还处于研究、探索阶段，特别是在维修管理上更有前途

三、企业信息化管理基础知识

　　企业的信息化是指通过建立信息平台和对信息技术的应用，以提高企业的管理水平和工作效率为目的的管理活动。企业通过对信息平台的建立、设计、开发、集成和使用来规范企业对其内部资源的管理活动。企业对信息系统的利用，对内主要是节约资源、提高工作效率；对外主要是方便企业经营者了解外部的市场信息环境、把握商机等。企业对信息系统开发流程主要是通过系统规

划、系统分析、系统设计、系统实施以及系统的运行维护等。

企业在建立信息平台的过程中，需要建立企业的数据库管理系统，因此企业信息化管理是指借助计算机系统（EAM、ERP、OEE 软件和互联网）等信息化手段对设备进行管理的活动。关于 EAM、ERP、OEE 的有关内容已在前面的章节中表述，不再重复。在计算机得到广泛的应用后，利用计算机进行信息化应用也越来越被企业认可。随着互联网技术的发展，利用计算机、手机等网络资源使信息沟通更快速、便捷、简单，使更多的企业热衷选择互联网技术作为设备管理的主要工具。

四、信息共享与设备信息的收集

信息共享与设备信息的收集见表 7-35。

表 7-35　信息共享与设备信息的收集

项　目	内　容
1. 信息共享的目的	当今随着我国企业的国际化步伐加快，企业的货物性贸易流通范围日益增大，频次日益加强。有我国企业设备出口海外他国不同的用户，也有他国的机电产品进口我国不同企业的。设备流通区域的扩大，给后续设备跟踪服务带来全新的管理方式。因此，构筑利用计算机和互联网技术，实现在不同的时空领域对设备信息的共享，为客户提供更便捷、更快速、更高效、更好的服务，以满足产品在国内外市场竞争的需要 如美国 F-35 战斗机就是利用信息共享，不论它飞往哪个同盟国服役，都能在同盟国之间实现对其信息的分享，如飞行的时间、部件使用的时间、状态控制点的状态等。通过对 F-35 战斗机信息的有效共享，能够及时对战斗机运行的信息状态、维护、维修进行掌控，便于更好地为战斗机做好维护和维修工作，确保战斗机的正常飞行
2. 信息共享的意义	1）便于随时随地对设备的状态进行跟踪 2）便于合理组织维修计划安排，即备件、工具、时间、人员、项目和安全防范措施 3）便于对设备维修技术标准、设备的点检标准、设备的润滑标准和维修作业标准实现共享 4）通过共享及时了解设备部件的使用时间和更换时间、性能、状态、效率、精度等，便于对设备的管理
3. 设备信息的收集	设备信息的收集是指对设备的设计、选型、制造、安装、调试、运行、维修、报废等整个设备寿命周期的管理过程的信息进行收集，主要集中围绕在设备的性能、状态、效率和精度四个方面而开展的各种设备信息的收集与管理 （1）设备管理台账　设备管理台账是指在对设备寿命周期管理的过程中，记录设备各种信息的管理数据或文字，通常采用的是表格化的管理 1）设备管理台账的内容和分类。设备管理台账的内容主要是记录设备的资产信息、维护台账、维修台账以及出租借用和报废信息等 ① 资产信息包括设备的编码、名称、规格型号、单位、数量、购置时间、购置价格、使用部门、制造厂家、出厂编号、使用说明书、图样资料、合格证等 ② 维护台账：

（续）

项　目	内　容
3. 设备信息的收集	a. 设备的性能参数。设备的性能参数是选用设备的主要依据，也是"三位一体"基层设备管家了解设备的基础；是了解设备的第一手资料，也是了解产品作业设备的用途和作用的资料 b. 设备点检。设备点检是利用人体的感官（视、听、触、嗅、味）或借助工具、检测设备、仪器等，按照标准（定点、定标、定期、定法、定人的"五定"）对设备进行检查或监测，发现设备劣化信息、故障隐患，分析原因并采取改善对策，进行预防性维修，将设备隐患消灭在萌芽状态的一种管理方法 注：点检是一种及时掌握设备运行状态、指导运用设备状态维修的一种科学的管理方法。它着重对设备的性能、功能、精度、效率等方面的内容进行检查 c. 点检技术标准、点检记录、设备润滑和保洁记录，是为使设备保持规定状态（性能）所采取的措施 注：调整、紧固、清扫、润滑的"八字"工作方针是日常维护保养的重要基础工作内容 d. 润滑记录，包括设备润滑标准、给油记录、换油记录、领油记录、废油回收记录、油品检测记录、油品监测记录、油品耗用分析记录 e. 故障和设备事故记录，包括故障登记记录、故障分析记录、故障处理记录、故障的防范记录以及故障损失经济技术分析记录 f. 设备隐患记录，包括隐患的登记记录、隐患的跟踪记录、隐患的防范记录和隐患的处置记录 g. 设备的"跑、冒、滴、漏"记录，包括按"四无"和"六不漏"的标准登记和处置的记录 h. 其他记录，包括备件更换记录、维修周期记录等 ③ 设备维修。维修是指设备技术状态劣化或发生故障后，为恢复其功能、性能、效率、精度而进行的技术活动。注：设备维修包括各类计划维修和计划外的故障维修及事故修理，如建立维修技术标准、维修作业标准、维修计划（计划检修、例检、故障抢修）、维修验收记录、更换备品备件记录、故障设备修复记录、修复件记录、报废件记录、试机记录等 ④ 设备的出租借用和报废。设备出租记录包括借出的日期、预计借用的时间、设备型号、数量、承借人姓名、联系方式、经办人、审核人等；报废处置记录包括设备的报废清单和报废原因 ⑤ 设备的改进与报废处置。设备的改造根据企业的设备管理方针，不断优化设备管理体系，持续提高整体的设备管理绩效，包括改造方案记录、改造后分析记录、设备报废处置记录 ⑥ 备品备件记录，包括备品备件的申报、购置、验收、库存、使用或更换等记录，备件使用时间周期的记录，备件的质量统计记录，备件使用周期的分析记录，备件费用记录等 2）设备信息的收集。设备信息的收集主要是指设备前期的信息、设备中期的信息和设备后期信息的收集三大类 ① 设备前期的信息，包括规划、设计、选型、购置、安装、验收 ② 设备中期的信息，包括使用、点检、维护、润滑、维修 ③ 设备后期的信息，包括改造、更新换代和报废处置 （2）设备信息的分类处理　设备信息的分类处理主要分为三类，即设备前期管理信息的分类处理、设备中期管理信息的分类处理及设备后期管理信息的分类处理

(续)

项 目	内 容
3. 设备信息的收集	1) 设备前期管理信息的分类处理。设备前期管理是设备从规划到投产阶段的过程管理，包括设备的规划决策、外购设备的选型和采购、自制设备的设计和制造、设备的安装和调试以及设备使用初期的管理。据统计，设备前期管理决定设备寿命周期90%左右的费用，直接对产品的成本产生影响，决定企业的装备技术水平和设备的系统功能，直接影响产品制造效率和产品的质量，同时也决定设备的实用性、可靠性、维修性、经济性、工艺性、安全、环保和节能性等 ① 设备购置（更新）凭证，包括设备购置（更新）申报表和年度设备购置（更新）计划项目明细表 ② 设备订购凭证，包括设备订货合同书、设备开箱检查验收单和设备入（出）库单 ③ 设备安装调试验收凭证，包括安装调试记录、机械设备精度检验记录单和设备资产转固交接验收单 2) 设备中期管理信息的分类处理主要是指设备从投产开始到点检、润滑、维护、维修等管理过程 ① 设备运行信息的分类处理，包括： a. 设备状况交接班记录 b. 关键设备点检卡 c. 保养检查记录，包括设备一级保养记录卡，设备二级保养登记表，定期精度、性能测试记录 d. 精密密封点泄漏检查记录 e. 润滑换油记录 f. 设备维修管理凭证，包括维修通知单、修理记录单、设备修复试运转记录单、修理质量检验单和修理费用核算表 g. 设备事故报告单 h. 特种设备安全鉴定凭证（一般由劳动局鉴定），包括压力容器检验产品安全质量监督检验证书和特种设备使用证 ② 产品质量信息的分类处理，包括产品质量指标标准的建立、工序质量指标的记录、质量调整与控制记录、质量检验记录、出产产品质量检验记录（出产编号、日期、客户名称等统计跟踪）、质量分析报告等 3) 设备后期管理信息的分类处理主要是指设备的更新改造、报废等管理过程 ① 设备技术改造凭证，包括制造设备封存申请表和设备技术改造验收单 ② 设备资产管理凭证，包括制造设备封存申请表、制造设备启封申请表、设备租赁合同书和设备报废单 (3) 信息共享　信息共享是指利用计算机、手机、网络、大数据等现代工具，实现对设备管理台账信息等资源信息的共享，是现代设备科学管理的重要工具，便于让设备管理信息资源的快速、便捷传达和分享 1) 横向设备信息共享。横向设备信息共享是指设备管理与制造管理和相关职能部门管理之间的信息共享，通常是指设备在MRO方面信息的共享，即设备的点检、润滑、维护、维修信息的共享 2) 纵向设备信息共享。纵向设备信息共享是指对设备全寿命周期信息的分享，主要表现在设备的规划、选型、设计、安装、调试、运行、维修、改造、报废等环节的资源信息共享

设备管家对设备资产的统计是为了了解设备的基本常识。如某企业的设备资产管理统计表见表 7-36。

表 7-36　某企业的设备资产管理统计表

序号	设备编号	设备名称	型号	资产编号	使用部门	进厂日期	制造厂家	设备出厂编号	备注
1	0201	破碎机	××	00001	生料工段	××	×××	××××	
2	0202	带式输送机	××	00002	生料工段	××	×××	××××	
…									